图书在版编目(CIP)数据

乙武报告/(日)乙武洋匡著;王启元,王又佳译.
济南:山东文艺出版社,2001.8
ISBN 7-5329-1853-X

Ⅰ.乙… Ⅱ.①乙…②王…③王… Ⅲ.乙武洋匡-自传 Ⅳ.K833.138.6

中国版本图书馆 CIP 数据核字(2000)第 73113 号

图字:15-2001-56

山东文艺出版社出版
(济南经九路胜利大街)
山东省新华书店发行
山东新华印刷厂临沂厂印刷
*
850×1168 毫米 32 开本 6.75 印张 7 插页 138 千字
2001 年 8 月第 1 版 2001 年 8 月第 1 次印刷
印数 1—10000
定价 13.50 元

乙武报告

YIWUBAOGAO

乙武洋匡——著

王启元　王文佳——译

目　录

第一章：对不起电波

第二章：气球的心境

第三章：失败者

第四章：时来运转的男子汉

第五章：马科斯、尸体，还有我

第六章：新人的失误

第七章：不同意见

第八章：回忆往事

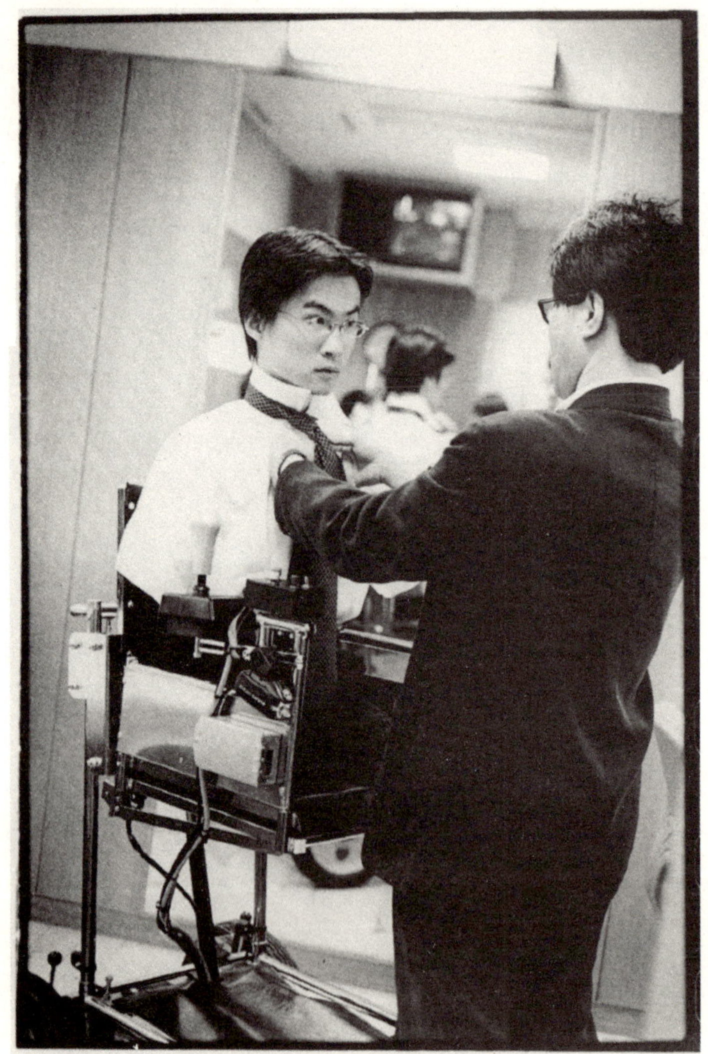

第九章：青春少女与猴子

第十章：自由研究

第十一章：改变形象

第十二章：各自的心愿

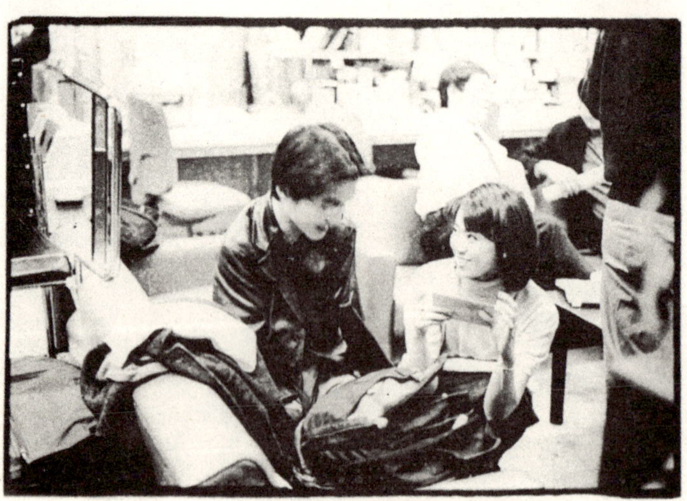

第十三章：风暴

第十四章：成绩单

第十五章：毕业

第一章 对不起电波

节目主持人乙武的诞生

1999年2月7日，我参加了东京电视台《关口宏的星期日之晨》节目的播出，从播音室回来的时候，有三个人来迎接我，他们是《新闻的森林》的制片人高桥广成、总编藤原康延和节目主持人松原耕二。《新闻的森林》是东京电视台系列播出的晚间新闻节目。前一年的秋天，我出版《五体不满足》一书时，曾经接受过《新闻的森林》节目的专访，之后，在《走向21世纪的日本人》系列节目中，又接受了松原主持人的采访，可以说这是一个与我有关系的节目。如今，他们希望我作为采访者，也就是说，作为一个传播信息的人参与到节目中来。

最初，此事从类似于玩笑的话开始谈起。我在接受采访时，与编辑们情意相投，关系好到同去饮酒的地步，在酒席上，我们曾经进行过如下一段谈话。

“乙武，大学毕业以后，你打算干什么呢?”

“到底干什么，我还没考虑过。”

“对我们的工作感兴趣吗?”

“是的，姑且不谈我是否适合这项工作，总之我对它很感兴趣。”

编辑满意地笑着说：

“适合！一定适合。”

我们的谈话不知不觉地转到现实问题上。随后，2月7日那天，我从《新闻的森林》的三位核心成员那里了解到详细情况。我来到被大家亲切地称之为“大型无檐帽”的东京电视台的办公楼。乘电梯上到二层，电梯门一开，报道局这层便展现在眼前。

“乙武君，暂且先到演职员办公室来吧!”

通道很狭窄，我的轮椅将就着能通过。

“对不起，太狭窄了，而且乱七八糟的。”

藤原总编一边将随随便便堆放的瓦楞纸箱和放有电视台专用录像带的架子往一旁推，一边赶快前行。我瞪大了眼睛环顾着第一次见到的“报道世界”，同时紧跟在三个人的后面。在大厅的角落里摆着茶几和沙发。

“这里太拥挤杂乱，实在不好意思。”

凭感觉，对于我的事情，最后拍板的好像是藤原先生，他操着关西口音喋喋不休地说这说那。大家都坐下来。制片人高桥按人头份从口袋里取出买来的咖啡，是时下流行的袋装咖啡。提起制片人，也就是节目的负责人，是我们当中地位最高的人。但是，他丝毫没有不可一世的神态，始终面带笑容。他帮我将吸管插入杯子。

我与他们第一次相对而坐。进一步要谈到的内容将是有关陌生世界的问题。我突然感到“对方是电视广播圈的人物，千万不可以小视”！一种不同于紧张感的纷繁心绪涌上心头。就在这时候，我看到因采访曾两度见过面的松原先生的面孔，不由得松了一口气。

松原先生开口说道：

“《星期日之晨》的收视率会大为改观的。”

从电视屏幕上看，松原先生给人留下了非常潇洒的印象。在播音时他能讲一口标准日语，但是，平时却操着混有家乡福冈和关西方言的日本话。我便询问他说：“松原先生说的是博多音，还是关西方言呢?”他笑笑说：“哪里的也不是吧。硬要说的话，恐怕是‘父辈口音’吧！”

“播音时口音竟那么标准，您真了不起。”

几乎让人肉麻的赞美之词仍在继续。

“归根结底，该怎么说呢？这其中就蕴涵着乙武式的洞察力啊！”

藤原先生立刻接过赞美的话茬，说道：

“我们期望的，就是这种洞察力！”

藤原先生的确对新闻报道工作非常钟情，在言谈话语之中自然而然地充满对新闻工作的热情。

“同样的事物，即便从相同的角度去观察，只要一经过乙武洋匡这个过滤器，就能得出与众不同的结论。如果能将这样的思想观点传播出去就好了，我们必须形成这样的创作方式。当然，这要看是否能得到乙武君的协助。”

“是的，就是这么一回事。”

说着，高桥制片人拿出一张纸。以“希望参加《新闻的森林》节目的演播”为题，具体地写了如下的内容：

> 从4月份起，在对《新闻的森林》的节目内容加以更新时，我们想在《新闻的森林》节目中起用乙武洋匡做第二主持人。
>
> 当我们采访乙武洋匡先生时，就已经考虑到，如果乙武洋匡先生能作为采访者，参与到电视节目中来那该多好啊！我们素常视而不见的事情、未给以足够注意的事情、以为是天经地义而不屑一顾的事情，如果以乙武先生的眼光，会如何看待呢？出于上述想法，我们觉得如果能与乙武洋匡一起工作会更好。我们并不是要寻求一双专业记者的眼睛。我们认为，让他自由地去会见某人，并将所想到和采访到的事情，以自己的语言传播出去就可以了。
>
> 希望共同完成的工作如下：
>
> • 做《新闻的森林》的第二主持人，在尽可能的范围内参与节目的播出。
>
> • 作为第二主持人进行一般性访谈和现场采访。
>
> • 采访内容共同确定，当然要最大限度地尊重乙武先生的意见。
>
> • 进行采访时，要配备专属的编辑和采访人员。采访环境要完备。

而且，最后一行文字这样写道：

“我们无论如何希望能与乙武君一起工作。”

我的心里燃起了火花，尽管它很小很小。对于依然身为学生的我来说，对“工作”二字的反应是很惬意的，而且，不管怎么说，“受人聘请”的感觉实在令人激动。看完全部内容，我抬起头，重新面对高桥制片人，说道：

“谢谢!”

这时，我选择的词汇不是“请多关照”，而是“谢谢”!对我来说，2月7日成为令我终生难忘的一天。

对不起电波啊

第二天是2月8日，我外出进行了长达一个半月之久的旅行。我去了南半球的澳大利亚。由于《五体不满足》一书的出版，在各种媒体上出头露面的机会增加，无论身体上还是精神上都感到不堪重负。在这种情况下，我外出旅游的惟一目的是想休息一下。然而，这时候，仍然发生了“令人震惊的现象”，这是我做梦也没想到的。

在去澳大利亚的飞机上，我远眺浮于广阔天空中的白云。为了能够坦坦然然地休息，我当然是忘掉一切去旅行的，但是，惟独《新闻的森林》的事情总挂念于心。那天，我说了声“谢谢”之后，大家交谈的内容现在还反复出现在脑海之中。

"首先我们谈谈现状吧!"

藤原先生开口说道。

"冷不丁地向乙武君谈起内部情况，总觉得太突然，不过，你已成为《森林》的一员啦!"

诚然，《新闻的森林》好像通常被称为《森林》。我稍稍瞟了一眼堆放在旁边桌子上的资料，发现了写有《N森林》① 字样的文件。

"在这个时间段的新闻节目中，日本电视台的《新内容第一》雄居第一位。他们是出类拔萃的，紧随其后的是我们和富士电视台。朝日电视台虽然最不景气，但是，最近以来他们有意创作令女性容易理解的节目之后，观众人数也有很大提高。"

松原先生抱着胳膊表示首肯。称电视台为收视率的世界，我早就有所耳闻，不过，即使在新闻节目中，收视率似乎同样不容忽视。此事实在责任重大。若众口皆云"乙武播出节目那天，收视率是最低的"，我可真吃不消。

"但是，《新内容第一》算是什么节目呢?是专题报道?……"

"尽是些美食家!"

"是啊!"

藤原先生的表情突然开朗起来。

"我也觉得莫名其妙呢!名为新闻节目，即使观看电视专题新闻，同样尽是些'大减价'、'尽情地吃'和'顾客排

---

① 《N森林》即《新闻的森林》，N为News的字头。

队的商店’之类的内容，我们完全可以认为，由于它已成为一种访谈节目，所以，收视率高啊！”

藤原先生激动地用力拍了一下手，大叫道：“问题就在这里！”当藤原先生还要接着说下去的时候，一旁的松原先生侧目看了他一眼，说道：

“乙武君，你拥有超群的智慧，当然，我们不是说美食的内容不好，只要能提高收视率，它也是有成效的。在那个时间段，人们的肚子都饿了，但是，我们想在如何制作使观众容易理解的新闻方面与之争出个高低。”

松原先生大概很激动，脸色通红。他接着说：

“幸而，我们的制片人，啊！就是坐在那里的广成先生，他并不过分地强调收视率。他经常给我们的感觉是，你们想怎么干就怎么干吧！”

太好了！我回头看看广成先生，他好像很腼腆，面带不好意思的神色。无论怎么看，他也是个厚道人。从那天起，我心中就暗自决定称他为“佛面广成”。

“你知道藤原先生的口头禅是什么吗？”

松原先生面带微笑地提问道。藤原先生流露出“不必提及此事”的神态，伸手去拿香烟。

“不知道，是什么？”

“他经常说的那句话是‘对不起电波啊’！”

“对不起……电波。”

“编辑写成的文稿，他都亲自校对。他常说，这篇文稿太敷衍了事，这‘对不起电波啊’！”

“不是那个意思。”

藤原先生口吐烟雾，自己开始毫不在意地加以说明：

“稿件本身还好说。不，也不是容易的事情，对于不会写作的人，即使跟他说也是枉费心机。我追究的是写作者的态度。即使是敷衍了事写出的文稿，也要通过电波传播到全国的电视上去。但是，在电波的对面还有几百万、几千万的观众。如果忘记这些观众的存在，如果忘记这种现实，就是对不起电波啊!”

“啊，这意思是说对不起那些面对电波的观众。”

“对对，就是这个意思。我好像连自己也不知道说的是什么。”

飞机剧烈地抖动着，纸杯中的苹果汁好像要洒出来。

“对不起电波啊……”

我主持《新闻的森林》会不会对不起电波呢？这次，我不再是采访对象，而是带着第二主持人的重要头衔，作为信息的传播者出现在荧屏上。我对社会形势并不熟悉，即使是新闻，我仔细观看的仅仅是体育方面的内容。当然，我对媒体宣传工作也不精通。人家希望得到乙武君特有的洞察力，我的观点与其他人的观点是否有所不同呢？我自己也心中无数。

但是，这是个机遇。可以说，如果是名普普通通的学生，是不会被允许到新闻节目中去做主持人的。现在这种机会将要出现在我的面前。不，当我说“谢谢”的时候，我已经得到了这份工作。这不是很好吗？即使我干得不够出色，我也不算专职的，但可以肯定，这事对于我来说，收获几乎是不可估量的。我这是为自己着想。

不过，这种态度是不负责任的。既然接受了聘请，就该细心琢磨如何很好地完成任务，将更多的信息传播出去。否则，首先就是“对不起电波啊”！我为我的自私感到羞愧。待平静下来，突然感到一阵疲倦，睡意油然而生。

南国与贝尔萨奇

我抵达科尔德科斯。南半球的澳大利亚，时值盛夏，等待我的是骄阳和大海，还有自由自在的时间。在凯恩斯，我得以尝试期望已久的潜水训练。我本不喜欢水，但是，听了五天讲座，并得到潜水许可证以后，我竟迷恋上了水。在新西兰的南岛，我还充分领略了英国式的街道和大自然之壮观。最后，前往悉尼，在悉尼得到的是更为刺激的体验。

在长时间的旅行中，我享受到了购物的乐趣。其中，有家我一直挂在心上的商店，就是“贝尔萨奇”专卖店。当然，我自己未曾以“贝尔萨奇”的制品饰身，甚至不曾向其店内窥视过。那么，为什么突然惦记起它了呢？实际上，“贝尔萨奇”是阪神虎队的野村教练特别偏爱的商标。

野村教练的兴趣与乙武的购物之间究竟有何关系呢？答案在于曾经由松原先生提出的那个方案。

“乙武现在最想见的人是谁呢？”

“啊，最想见的人吗？”

“例如，是不是和早稻田有联系的广末① 之类的人呢？”

“嗯，反正与她见面也许会很高兴的，但是，暂且先把她放到一边吧！嗯，总觉得最想见的不是她。”

“不，我想有很多事情要请乙武去报道，当然，对人物的访谈也想请你去做。进行访谈时，我仍然认为首选乙武君‘最想见’的人物为佳。”

“真的那样！那太好了！”

“你满意就好。电视节目之类的媒介，必须要主动积极地利用它。对吧，乙武？电视节目这东西，如果被动地对待它，就再没有比它更使人感到腻烦的，相反，如果能够主动利用它，就会使人感到趣味无穷。因此，为了有效地利用电视节目，只要去会见希望见的人就可以啦！”

要说电视节目……可真了不起！我虽不能因此而洋洋得意，但是，要说高兴，我还是很高兴的。通过它，也许能让我见到活跃在其他领域的，可望而不可即的人们。想到此，我就感到心情激动。

“唉，我呀，是个阪神棒球队的球迷。”

“对对，你是这么说过的！”

“方才，在关口先生的节目中，野村教练通过电视电话出面客串了我们的节目。”

“看到了，看到了。乙武不是事先谈过此事吗？而且，你还显得很高兴。”

---

① 广末：广末凉子，日本影星，以自我推荐的方式考入早稻田大学教育系国语国文专业。

“通过电视电话已经交谈过了，如果真的见了面，一定会更高兴的。”

此前，藤原先生始终一言不发地听大家谈话，他手托下颌，侧首沉思着低语道：

“那不是很好吗？”

这莫非是戏言吗？我难道真的能见野村教练吗？

“现在，正值野村热，值得做个话题。如果乙武君是阪神棒球队的球迷，节目就更有做的必要了。喂，松原，怎么样？”

“嗯，这不是很好吗，可以说，野村就是乙武最想见的人。就称为乙武与野村对谈吧！”

要说电视节目……可真了不起！事情难道就这样拍板了吗？我简直像在做梦。

“乙武君从明天起将动身进行长时间旅行。这期间，我们先进行全面调整，也包括野村教练的事情。”

“请多关照。”

当然，野村现任阪神虎队的教练，这是我想见他的理由之一，但是，原因不仅如此。我对他本人的生活方式和处世哲学都很感兴趣，从他任乳酪队的教练时起，我就开始注意他。如果我能与他相见，一定要给他带些礼品。这个打算使我无论走到哪里的购物中心，都要找一找“贝尔萨奇”的专卖店。

这次旅游的宗旨本应是“忘记一切，悠闲休息”的，可是，由于野村教练和贝尔萨奇商标，完全影响了这次旅游宗旨的实施。但是，在日本发生了更重大的事件，使我几乎连野村的事也忘到九霄云外去了。那是我离开东京一周后的事情。

是“江米团”还是“五体”

讲谈社的小泽一郎先生与某著名的政治家同名同姓，是《五体不满足》的责任编辑。他身高180厘米，留着短发。经常满脸堆笑是小泽的一大特征，但是，该制止的，他就严厉制止，是一个可以信赖的责任编辑。我想向小泽先生报告一下旅游的近况，于是打开旅游指南“国际电话拨打方式”那一页，给小泽拨通电话：

“啊，是小泽先生吗？谢谢！我晒得黝黑，鼻尖上脱皮了。是的，精神饱满得很。”

“那就好啊！身体逐渐得到恢复啦！我们这边可不得了啦，已经……”

“怎么啦？发生了什么事？”

“从你母亲那里没听到任何情况吗？”

“是的，什么也没听到。我还未与家里联系过。怎么，家里出了什么事情吗？”我心中感到忐忑不安，必定有坏消息。

“在出发的前一天，你在关口先生的节目中露面了吧！那以后的四天，播放了从前录制的影片《通宵不寐者的房间》。不知是不是那两个节目的效果，你那本书的销路真是好得出奇！”

“您说好得出奇，到底好到了什么地步……”

“昨天，不，是前天吧！又再版了，哎呀，一下子印了50万册，我问了一下销售部，听说，一次再版印刷50万册，创了日本的新纪录啊！”

四周仿佛旋转起来，我好像犯了眩晕病。

“我家、我家里不要紧吧？”

“昨天，我与你的母亲通过电话，眼下看来好像没什么要紧事。在你回来之前，你家里的事，由我来想办法吧！请你放心吧！”

由于我的《五体不满足》畅销日本，使自身的生活受到很大干扰，这也是无可奈何的。但是，此事不该使我的家庭成员受牵连。在我出发之前，向父母提出采访和讲演要求的已经不少。他们当然是一概拒绝。他们的方针是不想在任何媒体上露面。因为我的缘故，如果很多人去采访父母的话……那只能给父母增添麻烦。

放下电话，我一时不知所措。“你怎么啦？”远处响起了友人的喊声。我慌慌忙忙地往家中打电话，听到的情况更令人扫兴。

“前天真是个让人讨厌的日子。平时，我是很少乘电车的。但是，那天我偶尔和一个朋友一起去京都了。结果，大概是印有《AERA》字样的你那本书的封面吧，挂满电车，在山手线的列车里还挂了你的照片。我真的不好意思！让他们别再那么干了！……稍等一下，现在让爸爸说。”

“哎呀，大明星！”

他们已经很平静！我真是个傻瓜，何必提心吊胆呢！他们仍旧过着自在的日子。我由衷地希望那种恬静的生活能够永远地继续下去，只要有人侵犯这种神圣的领域，无论是任何人，都是不能允许的。但是，随着时光的流逝，我从小泽先生和父母那里得到的消息全部都是令人不愉快的。

“新宿的纪伊国屋书店的一层应当是销售新书的场所，但是，简直成了《五体不满足》一书的专卖店。”

“乙武君，你的书又一次再版了。听说这次更凶，一下子印了 300 万册呢！”

“你呀，最好是不要回日本啦！稍微在街上一走，情况都会令人难以想像。而且，你坐着轮椅，格外显眼。”

在悉尼，我认识了从日本来旅行的斋藤君。从他那里打听到“最新消息”，对此，我简直不相信自己的耳朵。

“你知道，眼下日本正流行什么吗？”

“不，不知道。请教，请教啦。我已经离开日本一个月之久，所以，此类消息是我特别想听的！”

“就是那个，名为《江米团三兄弟》的 CD 盘成了大热门，最近几周以来，一直保持销量第一，比《格雷》之类高得多。”

“为什么？”

“啊？我只把朴素优美的部分给你唱一下。嗯，怎么唱来着？对啦，‘江米团，江米团，江米团，三兄弟呀！’就这么个感觉。”

“喂，喂！你编造谎言，也骗不了我呀！”

“我说的是真的。如今，《江米团三兄弟》和你那本书轰动了全日本。”

我的眼前一片漆黑。再想重返以往的恬静生活，看来已经是不可能了。在这种情况下，是不是能够将主持人的工作接受下来呢？3 月 22 日，我乘坐的飞机降落在成田机场，它好像是被我满腹的惶恐不安给坠压下来似的。

第二章　气球的心境

同业界人士

时隔一个半月之后，我回到了自己的家，家中真是天翻地覆。用电话、传真和信函发来的讲演邀请，报纸杂志的采访请求，参加某些电视节目演出的邀请……其中还有想把《五体不满足》拍成电影的提案，真可谓五花八门。不知道他们通过什么渠道调查出我家的地址，甚至有人跑到我家来请我去作报告。讲演活动在1998年12月就排满了，这些新的要求肯定都无暇去做，所以，全部予以拒绝。但是，不去讲谈社，直接登门来找我的，几乎都是经过熟人介绍的，所以，拒绝他们又谈何容易！

小泽先生那里有很多需要联系的事情，所以，我回国以后很快给他打了第一个电话。电话中所闻更使我大为震惊。据说，2月中旬《五体不满足》的销量取得跳跃式的增长之后，打到讲谈社邀请我去讲演的电话，每天都要超过300次以上。小泽先生所在的文化艺术图书第二出版部共有五部电话，一天到晚都是铃声不断。而且，听说到了3月中旬，电话频次依然有增无减。小泽先生接着说道：

“还有啊，乙武君，有件事很难向你启齿，但是，东京电视台立刻想与你协商。而且……他们说就在明天。”

“明天?！可是，我今天才刚刚回到家啊！”

“唉，这情况他们是清楚的。可是，我也被他们给说动了。”

原来如此，向小泽先生发牢骚也无济于事。然而，从4月份开始我将要上节目，可许多细节问题尚未决定下来，作为东京电视台方面，着急也是不无道理的！

“我知道了。那么，就明天吧！好吧？咱们下午1点在东京电视台一层的大厅见。”

这个电视台呀，用人多么武断！我虽然心中感到不满，但是，面对明天即将开始的新生活和涉足的新领域，我按捺不住内心的激动。我终于步入广播电视界。

3月23日是我回国后的第二天，在位于东京电视台一层大厅深处的冷饮店内，首先将与《鲜黄瓜市场》的演职员进行事先协商，这是决定下周参加播出的节目，尔后，与《新闻的森林》的演职员进行磋商，这是今天的工作步骤。我和小泽先生一起步入冷饮店，等候《鲜黄瓜市场》的演职员。于是，那张早已相识的面孔突然出现了，那是被我称之为“佛面广成”的制片人高桥先生。而且，在高桥先生身后，还跟着两个陌生面孔。高桥先生说道：

“乙武君，我来介绍一下《森林》的演职员。目前，我想请这两位负责乙武君的采访策划。”

广成先生今天依然满面笑容。

“怎么？不是藤原先生吗？”

“噢，藤原呀，他是‘总编’，负责进行全面调整，确定大家收集起来的所有新闻的播放顺序，以及各条新闻占用的播放时间。因此，收集新闻的工作是由这两位编辑和他们的同事负责。”

诚然，他的意思是说，身为总编辑的藤原先生几乎不去采访现场，而一同去采访的是眼前这两位。

“那么，我从南部开始介绍吧！”

广成先生身旁的男人向前迈出一步，说道：

“噢，我叫南部。正如高桥制片人所介绍的一样……今后，将由我来负责乙武君的采访策划，希望各位能给予帮助。请多多关照！”

他好像很认真。身高 170 厘米左右，年龄大约 35 岁。脸上给人印象最深的是黑色宽边眼镜，这张脸显得憨厚老实。身着朴素大方的西装，并未带出“演艺界人士”的派头。南部先生后退一步的同时，另一个男人向前迈出一步。

“我叫宫泽，我们年龄相近，今后我们会合作愉快的。请多多关照。”

宫泽是个禀性不坏的人。那神态为什么有些女人气呢？他的笑容也不同寻常。所谓年龄相近，大概是二十多岁吧！身高约有 180 厘米，他身材细高，但胸脯显得很厚实，体态非常标致。以鹿皮短上衣为中心，一身茶色的装束，与方才的南部先生形成了鲜明的对照。这位宫泽与我头脑中原有的“演艺界人士”的形象完全相符。

“那么，呆会儿《鲜黄瓜市场》的事情结束之后，再来接你。”

说着，广成先生离开现场，南部紧随其后躬身施礼说道：“回头见！”最后，宫泽也迅速转过身来轻轻地举了一下手，意思像是说“再见”。看上去，我总觉得他的举止很古怪。

这样，大约过了一个小时之后，这些人再次来接我，前往位于二层的报道局。自从初次会面以来，相隔一个半月，我再次来“上班”。

作战会议

由于第一次到这里来时是星期天，二层报道局冷冷清清。今天，这里可谓热火朝天。不，与其说是热火朝天，不如说是紧紧张张、忙忙碌碌更恰如其分。好几部电话机，每隔数十秒便响起铃声。有的人坐在办公桌前高声喊叫，有的人大声喧嚣着，一只手拿着文件，快速从楼道跑过，他们的声音丝毫不亚于电话铃声。如果是在小学校里，一定会被老师左右开弓打嘴巴。

南部先生为我做向导。

“这位是西崎总编。”

方才一直埋头面对微机的男人转过头来，说道：

“啊！是乙武君，请多关照！”

西崎先生给人以气度不凡而格外爽朗的感觉。南部继续向我介绍说："我们收集到的新闻究竟能采用多少，全部由他说了算。能采用3分钟还是30秒钟，或者根本不被采用，这一切都由西崎先生微机中的一张表格来决定。"

"你别说得那么可怕。即使作出决定，也是要用心斟酌的。"

西崎先生为难地一笑。

"哎？这工作不是由藤原先生负责吗？"

"是的，这是一项相当费脑筋的事情，所以，要每日轮换。《新闻的森林》播出计划是由西崎和藤原两人共同负责。"

刚把我带到沙发那里，藤原先生就啪啪地拍起手来。

"好啦，大家都集中过来！"

室内那些仔细阅读资料的、面对微机的人们都停下各自手中的工作，集中到沙发这边来。我顿时觉得惶恐不安。

"眼前仅仅是在场的人，并不是全部工作人员。"

尽管如此，也有十二三人之多。藤原先生一一为我作了介绍，但是，我不可能把所有的人都记在脑子里。我觉得所有的人都不错。没有一个人是愁眉不展的，也没有懒洋洋的，而且，没有口中边喷烟吐雾边与我进行寒暄的。

与我原有的印象截然不同！太好了！电视台的人们都如此彬彬有礼。他们显得高尚、自信，而且气质颇佳。无论观察哪个人，好像都是很诚恳的。过去的所有印象都是我的偏见。

"那么，多余的话我就不说了，我们的'作战会议'现在就开始吧!”

在藤原先生下达号令的同时，我们已向位于三楼的会议室走去。参加会议的成员有制片人高桥、西崎和藤原总编、松原主持人、南部和宫泽编辑、专为乙武采访服务的樋口摄影师，加上我共八个人。众人各自坐在摆成“U”字形的桌子面前。手持水笔、站在白色写字板前面的是藤原先生。慢慢地，我了解了藤原先生的性格。

“那么，乙武君。我们经过反复考虑，提出几个方案，但是，一开始我们还是先集中力量搞一下校园暴力问题。当然啦，乙武君的意见也要听的，无论如何，我们的方向是可以修正的。”

哎？野村教练的事怎么办呢？校园暴力并不算什么重大问题呀！在外出旅行的一个半月之中，在我头脑里一直构思着对野村教练进行采访的问题。我心中已经描绘出“新闻的森林＝野村教练”节目的雏形，所以，藤原先生突然谈起校园暴力的问题，我一时还反应不过来。藤原先生似乎察觉了我的心思，补充说明道：

“再有，以前说过的野村教练的访谈问题，暂且先保留起来。棒球大赛马上就要拉开战幕，对野村的采访会相当集中，因此，我们现在去采访，即便好不容易地请乙武君前往，其影响同样会被冲淡。因为我们另有很多事情要做，所以，还是见机行事吧！我变得太突然了!”

我是不是被欺骗了呢？是不是被美味的诱饵钓上了，就势成为他们手中的木偶呢？松原先生随后机敏的发言，使我瞬间萌生的不信任感立刻消失了。

“我也觉得，对乙武君来说，还是去采访野村教练更好些，之所以这么说，是因为乙武君通过这个节目可以见到想见的人，这是最令人满意的事情，而且，我想观众也希望看到这种镜头。但是，如果一开始就拿出那样的节目，我想是否存在着遭人误解的危险，会使人觉得：‘写了畅销书的又来上电视了。这不是趁势扩大影响吗？’”

稍息片刻，松原先生又接着说：

“是我们主动邀请乙武君的，如果一开始就给乙武君造成这样的影响，我们也非常过意不去。希望与乙武君携手同心干一番事业，才是我们的本意。为此，我想，一定要避免给人造成靠乙武君提高收视率的误解。”

的确，如松原先生所述，野村教练的事情真的是一个“诱饵”，他们的谈话尽管是表示“歉意”，但是，松原先生指出的问题，也是我接受这项工作时最值得注意的问题。对于我来说，一切听从他们的安排才为上策。我尽可能心平气和地答道：

“我明白了，就那样干吧！”

气球的心境

“那么，报道校园暴力问题是一个怎样的计划呢？”

答案是：对此采访已经进行了周密的准备，周密得都让人感到吃惊。策划的总体宗旨是这样的：让孩子们阅读《五体不满足》，并坦诚地将自身的苦恼和内心感受记录下来寄给我们。在他们提供的文字材料中，为数最多的依然是有关校园暴力和不愿去上学的信件。因此，请其中的一些孩子们一起探讨一下，为什么会出现校园暴力，是什么原因不想去学校等等，这就是此次的采访计划。据说，已经有五个孩子同意出来做这个节目，其中有几个孩子家住山形县和熊本县，距离很远，所以，已经为他们订好了飞机票和新干线的车票。当然，所有这些都附有“要根据乙武君的意见而定”的条件。但是，对于已经发展到如此地步的节目策划，我没有说“不”的勇气。

可是，在我点头同意之前，要冷静地认真思考一番。我真的没被人利用吗？答应上电视的孩子们难道也未被人利用吗？我心生疑窦，便事先声明说道：“初次共事就提出如此傲慢的要求不知是否妥当，但是……”

然后，向他们提出条件：

“当我从事这项工作时，我觉得自己惟一与众不同之处就在于以前我本人曾经是接受采访的对象，正因如此，我非常理解被采访者的心情，而且，我希望始终要尊重他们。”

我与藤原先生相互看了一眼，他好像在认真地听我的发言。我知道，自己的脸渐渐涨红了。

“我想，这次孩子们同意上电视是下了很大决心的。问题归问题，然而，由于在电视上的抛头露面，加在他们身上的校园暴力有可能越演越烈。因此，万一所有的拍摄工作结束之后，任何一位接受采访的人如果说‘我仍然不希望在电视上播放’的话，那么，我希望就不要播出这个节目。”

演职员们一言不发。我的喉咙干渴，我顾不上许多，接着说：

“我知道电视台已在购买新干线车票和飞机票等许多方面投入了大量成本，但是，由于我们采访的缘故，有可能给他们造成终生的心灵创伤。我仍然坚持，不能不尊重他们的意见……”

场内鸦雀无声。我心中暗语“干到底”，我好容易才走到这一步，可偏偏……

“的确如此。”

藤原先生出面为我圆场。被挤压得几乎要爆裂的气球，在即将破裂时，压力得到了解除，它又复原了，再次飘飘悠悠地浮起来。我就是这个气球。

“正如乙武君所说的，决不能出现由于我们的采访而给孩子们造成伤害的现象。对此，要坚决制止。”

他好像未对我的谈话内容加以纠正。也许，藤原先生是非常疼爱孩子的。

“他说得对，即使是采访结束之后，本人如果说不行的话，我们也不能在电视上播出。”

这是颇具南部风格的意见。南部先生是个绝对不违背规则的人。无论如何，我的意见可以说是极不成熟的，人们却都听进去了，我心中感到很踏实。这些意见不仅仅是针对本次计划的，它对于今后与演职员共同从事的工作也适用。

开完会议，正要出房间的时候，松原先生叫住了我。

“乙武君，你虽然是最后才说了几句话，但讲得很出色。从开始采访之前，就能站在被采访者的立场上是高明之举。不过，希望你先听我一句话，在今后的各种采访之中，即使是采访对象不愿启齿的事情，即使是对方欲隐瞒的事情，有时你也非追问不可。这件事，我希望你多少要记在头脑里一点儿。”

嗬！课题真不少。

公开露面

“乙武君，周五晚上有时间吗？”

大概是马上邀我去吃晚饭吧。

“是的，目前，大概没什么安排……”

“是这样……原来负责体育节目的播音员福岛弓子，3月份过后就要辞职了，所以，星期五的演播结尾时，要事先向观众说明一下。另外，从4月开始负责此项工作的木村和小仓两位播音员要向观众作一番初次见面的寒暄，我想借此机会请乙武君也自我介绍一下。”

是作为第二主持人初次登台，而且是和女播音员同做一个节目。听到这句话时，我意识到，最让朋友们感到羡慕的就是这一点。

“请你出面的时间，是30秒左右，非常抱歉。不过，就算先露个面吧……”

南部先生的确是个态度谦和的人。藤原先生接着说：

“但是，第二天早晨就要去采访，是头一次。因此，乙武君如果体力吃不消的话，周五的晚上，当然可以在家里舒舒服服地休息。”

以往也是如此，凡是刚见到我的人大体上都会如此地照顾我。两天时间连续工作，这在社会生活中本是司空见惯的事，但是，他们并不了解我究竟拥有多么充足的体力，具有怎样的生活方式，对于他们来说，这种担心也许是极其自然的。

“一点儿问题也没有，谢谢了！”

“啊，是吗？那么，不好意思啦！周五下午大约5点之前到这里来吧！”

周五那天，中午过后我便进入东京电视台大楼。在一层的冷饮店中接受了报纸和杂志的采访，这一天共有四家媒体采访我。我最珍惜的是与朋友们会面之类的个人时间，所以，大体上每周必定要安排两到三天的时间为“采访日”，一口气把必做的工作干完。然后，剩下来的日子就用来写作，与朋友一起吃饭，有时也去约会。

这一天全部采访结束时，已是傍晚5点左右，正好是约定的时间。简直像马上要见到情人一样，我的心激动得剧烈跳动起来，我进入电梯，按了“2”字。来到已经习惯的二层报道局，第一次无需他人引导，径直来到放沙发处。

“噢！你来啦！”

松原先生发现了我，并张开双臂来迎接我。这难道就是我想见到的“情人”吗？不，不仅仅是他，还有在节目即将播出之前，大步流星地跑过来，并向我招手说“乙武君，你辛苦了”的藤原先生。另有一个人是宫泽，他拍了一下我的肩头，我回首一看，他便抿嘴一笑，用力点了点头。从今天起我们便成为“同仁”了，大家在欢迎我的到来。

转眼之间，已将近傍晚6点。人们告诉我在“前N候播室"[1] 等候，但是，我不知道它在哪里。宫泽先生告诉我说：

"出电梯厅就是，房间宽敞，并排摆着好几台电视，为的是能同时观看所有频道的节目。"

"大概那里是最具电视台味道的地方吧？"

"啊！是吗？那就是'前N候播室'。我跟你一同去吧！"

顾名思义，位于"前N候播室"里面的房间就是"N候播室"[2]。在"N候播室"内决定用哪台摄像机的图像，在什么时候插播广告等，这是一个非常重要的房间。新闻节目的现场直播好像非常紧张，还是不靠近为好。

突然，"小精灵"——福岛弓子小姐出现了。她身着令人醒目的纯白色西服，一派高雅神圣的风度，真是美若天仙。

"初次见面，我是福岛弓子。"

她即使不自报姓名，我也知道。她有倾城之貌，却无骄矜之气，性格非常温柔。

"啊！谢谢，我是乙武。那个……我看过《虾天使》。"

"胡说！你如果说她主持的节目，那是《乌贼天使》吧！"

宫泽立刻插嘴说道。但是，我也不肯示弱，反驳道：

"你弄错了吧！那是爵士乐队！《虾天使》是形象竞赛大

---

① 前N候播室即《新闻的森林》等候播音的房间，其中的N字含义同第6页注。

② N候播室即《新闻的森林》播音即将开始时等候播音的房间。

会节目。其意就是形象美……”

“是的，是的，做《乌贼天使》节目的是相原勇君。我主持的节目是《虾天使》。您看到我了吗？我太高兴了。”

太好了，我没弄错。无论如何，那是我中学时代一个深夜播出的节目。能与在《虾天使》中担任过主持人的小姐出现在同一个画面上，这是多么荣幸啊！

木村郁美播音员和小仓弘子播音员都汇聚到这里。这是多么美妙的景致啊！她们都是我从未见到过的美女，她们三位站在眼前，使我感到一种轻佻的刺激。一阵谈笑交流，宫泽先生又打出一招“刺拳”。

“乙武，趁着热乎气，把她们电话号码打听清楚吧！”

噢，这家伙，他是怎样的人呢？我总是凭第一印象，把他看成认真的“老实小伙子”。但是，实际则不然，他喜欢说俏皮话，最喜欢谈论关于女人和刺激性的话题。他这种性格，如果不是彼此关系十分融洽的话，会让人难以理解的，方才就是如此。宫泽这个人或许是很懂道理的吧。

轮到我出场时，是节目的最后。在天气预报节目结束之后，松原先生与负责天气预报的森田先生在继续交谈。

“星期天，天气将会有所好转，可是，从此天气好像会稍微变得冷一些。”

“啊！真的。下周好像一直阴天呀！”

“但是，据说4月1日气温会回升到20度。这天可是愚人节呀。”

“哈，哈，哈……那么……”

松原先生吸了一口气说：

“说真的，从下周起，我们又增加了一位新成员，就是他。”

按照松原的手势，开始放我的录像。以前上镜头是接受采访，如今就觉得不好意思。如果在自己家中看见自己的影像那还另当别论，在电视台播音室内看到它就……不过，今后每次都要反复进行如此的作业，我必须习以为常。

录像放完了，由松原先生介绍说：“这是乙武洋匡先生。”于是，出现了我面孔的大特写。我作为第二主持人，寒暄一番，口中尽管这个那个地说，但是表情板滞生硬。最后，松原先生总结说：

“哎……今后，在《新闻的森林》节目中，我想和乙武君一起探讨各种各样的问题，诸如学校问题、朋友问题、消除“消除障碍”① 的问题等等。”

啊！松原先生，必须消除的是“障碍”，若消除“消除障碍”就不妥当了……算了吧，是现场直播。

节目播完之后，从各处发来了“你辛苦了”的问候声。今天，以将要告别这个节目的福岛小姐为中心，自然地形成一个圆圈，演职员们为她献上花，随后，福岛小姐致了告别辞。

我从圆圈的最外层窥视现场气氛。有的工作人员流出了眼泪。三年的时间，究竟漫长还是短暂呢？从今天起，我将加入到失去了福岛小姐的《新闻的森林》中去。但是，总有

---

① 消除障碍：指消除社会生活中的种种不便。这是日本为建立面向21世纪的国家而倡导的一项社会活动，政府、民间组织、企业等均参与此项活动。

一天，这样的日子也会落到我的头上。

第三章 失败者

无情无义的商战

3 月 27 日，终于开始了首次采访。采访场所是我的母校用贺中学。作为候选采访地点，还提出公园和播音室等处，但是，最后意见统一为“既然谈学校里的问题，还是在学校吧”。再者，如果在我度过三年学校生活的用贺中学进行采访，孩子们是否会产生某种特殊感情呢？这是节目编辑们的目的。

我心中总有些抵触，本次节目讲的并非是我的故事，主角是那些孩子们，我仅为旁听者。在对孩子们的采访中出现旁听者的母校、旁听者的往事，不能不使人感到不太协调。可是，当会议上提出采访地点的时候，恰逢我刚刚提出“只要孩子们说不行，希望就不要播放”的强硬要求后不久，所以，我不能再提出什么任性的主张。

当天早上8点，我在自己家附近等待与藤原先生会合。常规情况下，总编是不会亲自出马去采访的。但是，惟独这次，他对我说："我很想去采访。"我略微早到了一些，还未见到藤原先生的身影。

"呼，呼……"

我一边做深呼吸，一边伸着懒腰，突然间一个陌生的杂货店跃入眼帘。大概是我外出旅游的一个半月之内建成的。不仅仅是杂货店的开张，长期外出旅游之后，另有种种新发现。其中，最让我吃惊的是某移动电话的广告。

以往，作为规模最大的"日本电信电话全球通"的形象代言人，在电视、报纸以及杂志上进行商品宣传的最受欢迎的大明星织田裕二，怎么会又出现在本应是竞争对手的"IDO（移动）"的广告上呢？而且，广告内容也并不赏心悦目。织田裕二坐在"IDO（移动）"手持电话销售店的橱窗内。于是，我上前询问店里的人说：

"这与我现在正用的有什么不同吗？"

当请他加以说明时，他接下去说：

"哎呀，有多大的区别？……请您看看这本小册子吧！"

令我大吃一惊。开始，我原以为全球通出了新产品。这不是在方便碗儿面和洗衣剂广告中经常见到的吗？将新制品与现有的产品并列在一起，说什么"如此的划算"，其实，不过是本公司产品的比较。但是，总觉得有所不同。背景上的"IDO（移动）"的文字格外显眼。母亲对张着大嘴发愣的我说：

"是的，是的，这事早已成为人们议论的中心了。"

在棒球界，引入自由代理人制已有五年之久。这是尊重运动员个人意志的制度，加入职业棒球队以后，在一支球队中参加一定场次的比赛之后才允许转会的条件被取消，于是，运动员获得了可自由地转到自己向往的职业棒球队的权利。这是模仿美国的总负责人制制定的一种法规，但是，当初曾担心如下的情况。

在美国，当地的球迷和球队有着密切的关系，为了使自己的球队变得更强大，人们普遍认为，即使球队放走这位运动员，也应当从其他球队获得另外的运动员，这种想法被认为是天经地义的。对球队的核心运动员也同样对待。实际上，在美国的总负责人制之下，著名棒球运动员的转会和交换是十分频繁的。这从有 10 场以上胜绩的野茂投手和吉井投手的轻易交换就可以得到证明。

在日本情况如何呢？当然，球迷支持自己偏爱的球队，但是，很少有人将俱乐部与运动员分开考虑。多年来，在广岛队一直担任 4 号位置的江藤运动员转会到巨人军团，在羚羊队担任主力投球手达 10 年之久的星野投手转会到阪神棒球队。转会球员俱乐部的球迷们是一种什么样的心情呢？如果大牌球星都一个一个地转会的话，多数日本人就不能理智地对待，他们对运动员恋恋不舍的心情也许是令人恐惧的。

这种移动电话的广告使我想起了那样的新闻报道。它的确是新事物，但是，坦率地说，我不能称之为“有趣的创意”。广告问题也罢，棒球球员的转会也罢，都属于一种商业行为。而且，都要缔结正式合同，要合情合理。我不能轻而易举地理解眼前的现实，即使指责我太单纯也是枉然。但是，从前，在日本国内，是允许我如此单纯地考虑问题的。不过，在隔了许久重新踏上日本国土时，现实中竟盛行起不求实质的广告。

藤原先生来了，我们坐上出租车直奔采访现场。在舆论界奋斗了将近20年的资深人士会怎样看待那个广告呢。

“啊！那些事呀，真是不得了。可称之为一种‘变革’吧。考虑这些问题，应该是如今被尊崇为具有超凡魅力的领袖人物的事情。不过，我是没有那种能力的。将商业的烙印打得如此之深，我是办不到的。”

听了这样的答复，压在我心头的好似冰一般的东西顿时融化了。这是对于《新闻的森林》节目的信任，是对藤原先生个人的信任。啊，我切切实实地感到这个节目组在诚恳地奋斗。今后，自己也许同样会义无反顾地为此节目大显身手。我刚刚跳入荧屏这一崭新领域，我感到，隐藏于内心深处的忐忑不安正在渐渐地消融。

久攻不下

上午9点，抵达用贺中学校园，天公不太作美，厚厚的云层好像吸食了不安、期望、紧张和激动等一切情绪低低地积压在空中。时而有零星小雨飘落。

不大工夫，松原先生也赶到现场。尽管是休息日，他也作为协助人员，特意赶来参加采访。

“早晨好，乙武。今天请多关照。”

松原先生身着带领尖扣的衬衫，外罩一件藏蓝鸡心领毛衣，本来看上去他就显得年轻，今天这样一打扮，就更显得充满活力了。

藤原先生与我耳语道：

“他呀，昨天晚上喝到两点哪！今天还是昏头昏脑的。”

他是个倔强的男子汉。松原先生背着手，在今天的“采访现场”用贺中学校园的四周不慌不忙地踩步。

接着，参加采访的演职员的车抵达校园。人们依次走下车，其中有位身材格外高大的人。

“啊！是阿若！”

若林先生比我高一年级，上中学时，他是对我最为关照的前辈①，平时称呼他阿若。

“怎么，你们认识？”

藤原先生和宫泽先生饶有兴趣地交换了一下眼色。

“他是我中学时代的前辈，曾经非常热心地照顾过我。”

“啊！是他呀！在《五体不满足》一书中出现过的人物……”

尽管如此，在这种地方能见到阿若，应算是邂逅。

“我现在在东京电视台采访部工作。昨天见到送至采访部的工作传票，好像写着‘乙武君初次报道’的内容。我想，这件事非去不可，就死气白赖地请求采访部主任。”

阿若仍然是靠得住的前辈。在我惴惴不安地第一次着手工作时，他是强有力的帮手。而且，如今的采访现场正是与

---

① 前辈：按日本习俗，凡比自己年岁大的同事或是同校高年级的学兄学姐称为前辈。

阿若共同学习生活过的用贺中学。上帝也为我作出了巧安排。

九点半一过，载着今天的主角——孩子们的采访轿车赶到。首先是松原先生迎上去。我得到指示，要在正门处等候。我终于见到了他们。

五个孩子跟在向导松原先生身后，来到我面前，便一字排开。多数孩子都显得无精打采。

“初次见面。”

我试着向他们打招呼，但是，只有两三个孩子有反应，接着说了声“请多关照”，有的孩子仅表示予以理解。我觉得，说不定有些孩子不好对付。

“在我上学的时候，这是专为我铺设的一个斜坡路。”

我们漫步在可以眺望运动场的外廊里，同时谈论着校内情况。

“哎，是吗？”

“这里很不错的！”

“原来是那样啊！”

对于我说的话，好像惟一能作出反应的是斋藤真美小姐（当时，她是高中二年级的学生）。谈话气氛一直像在灵前守夜似的，斋藤的存在的确帮了我大忙。在大家熟悉之前，以她为中心进行谈话，好像是个明智的选择。尽管如此，也要与其他孩子们搭讪一下吧。

“樱井君，你的头发已经长长些了吗？”

“不，还没有……”

“让我们看看吧。”

依然带着孩子气的樱井雅浩君（当时，他是高中一年级的学生）一摘下压得很低的帽子，便露出滑稽的秃头，引得大家哄堂大笑。斋藤小姐立刻插话说：

“怎么，你难道当了和尚吗？”

“不，暂时停学了！”

再次引起哄堂大笑。樱井君因欺负同学正在受到停学处分，在他寄来的信中写道：“我希望与你们见面，当然，想见你们的理由在我身上绝对到处都有。”

我们可以看到体育馆。我将话题转到我的中学时代，当时，我是篮球部成员。

“我想看到你的运球，俗话说百闻不如一见嘛！”

由于斋藤小姐的唆使，我在体育馆内打了会儿篮球。因为讲演，我在各个小学巡回时常常进行表演，但是，近来根本没碰篮球。许久没有尝到打篮球的滋味了。

冬、冬、冬、冬……

对于我的运球，他们出乎意料地报以热烈的欢呼。也许是自作多情，我觉得他们的表情也缓和了许多。我说了声“接球”，将夹在脸和手臂间的球扔了出去。来自岗山的小松原明子（当时，她是中学三年级的学生）用双手轻而易举地接住了球。但是，她的表情并无改变，始终站着不动，甚至未向我露出过一丝微笑。难道在学校受到的欺负已将她封闭到一个壳套之中了吗？

我带着久攻不下的“城池”，将舞台转移到教室。

苦 恼

人们将教室里的课桌都搬到后面去，腾出空间，拿来五把椅子摆成半圆形，请他们坐下。在他们对面的位置上放了两把椅子，这是我和松原先生的坐位。我略感惊讶，总觉得控制采访进度的并不是我一个人。

樱井君取出自己的笔记本，拿到我和松原先生的面前，一页一页地翻给我们看。翻出了色彩格外绚丽的一页，那一页简直是摄影集锦。

“这就是她!”

“哎呀，她不是挺可爱吗?”

“这，可是我主动让你们看的。”

凭我们得到的反应，气氛渐渐地缓和下来。但是，摄像机一转动起来，气氛再次变得沉闷起来。松原先生说道：

“实际上，你们都见到乙武了，究竟有什么感想呢?”

孩子们将依次予以回答，从他们谈话内容中又可梳理出下一个提问的问题，这就是松原先生的部署。采访进程自然流畅而不落俗套。我佩服得五体投地。采访的洪流势不可挡，我只得手足无措地跳入洪流之中，这股洪流正好流至“朋友”这座大桥之下。樱井君如同决堤的洪水滔滔不绝地说：

“我呀，虽然对大家干了种种不该做的事，但是，大家却热情地照顾我……我非常高兴。我不能去学校，我第一次没有了朋友，只剩下一个人，很孤独……我想尽快去上学。”

这位少年好像一一反思似的说下去，他已经为欺负同学而感到悔恨。

“我施以暴力最重的同学，反而比其他同学对我更为亲切。为什么我欺负了他们，他们反而对我很亲切呢……”

“是啊！当自己受到极大伤害或处于困境中，或者是最需要帮助的时候，才会感到朋友的重要性。”

我真是乱弹琴！我的职责是将他们的话引出来，可是，我偏偏将自己的想法强加给正在谈话的孩子们。从前，我处于接受报刊杂志采访的地位，也就是说，只要对于提出的问题，将随心所欲地想到的事情讲出来就可以了。可是，现在是采访，随心所欲是不行的。我原打算提醒自己，可偏偏……我是最不称职的旁听者。

渐渐地，谈话内容转移到正题“校园暴力”上来。采访能进行到这种地步多亏了松原先生的高明引导。为什么要欺负同学呢？怎样地欺负别人呢？松原先生试探着向身为加害者的樱井提出了上述问题。

“哪怕稍有不如意就动起武来……但是，并不是以此为乐，也不是因为喜好欺负同学才干的。只是一急躁起来就控制不住，当察觉不对劲儿的时候，就已经干完了。”

主题十分突出。但是涉及到问题实质的谈话往往会中断，在此，因松原先生的提问却使之得以延续。而且，他的提问非常巧妙，引出了观众希望听到的答案。

问：欺负了同学之后，是什么样的心情呢？

答：与朋友一起去打保龄球，或者打台球，玩的时候也许什么都不想……但是，一个人呆在家里的时候，就觉得“哎，又欺负人了”。

问：有希望和同学在一起的愿望吗？

答：我上小学的时候，受到同学的排挤，那种处境是极其痛苦的……很委屈。因此，我从很早以前就想处处高高在上，事事压人一筹。

怎么，全都由松原先生包下来了。自己太不中用，今天，不是我初次上任吗？但是，我心里很踏实，觉得有靠山。的确，如果靠我个人的力量，也许现在仍然无法摆脱灵前守夜的气氛。

突然注意到坐在樱井君身旁，仍旧保持沉默的小松原小姐。她将两手放在膝盖上，嘴巴紧紧闭成直直的“一”字形，目光斜视下方，使人感到她具有的坚强性格。现在，她正在想什么呢？坐在正讲述欺负同学体会的樱井君身旁，她的感受是什么呢？

问：如果班上发现新的可欺目标，众人都看不起那个孩子，或者欺负她的时候，假如有人对你说：“小松原小姐也来一起欺负她吧！”你会如何呢？

答：您可以放心……因为我曾经被同学欺负过，所以，我理解受欺负者的心境。我想，我是不会干的。

问：但是，由于你袒护那个孩子，也许你会重蹈覆辙的。尽管如此，你也不会加入多数派吧？

答：我认为，现在我能够帮助受到欺负的孩子。但是，在今天以前我并不懂。

松原先生从容地选中了她，她的语言具有一定的说服力。她好像努力把不愿意回首的往事转化为正面力量。她的确是个坚强的孩子。

据说，来自熊本县的土见明日香小姐，在上中学的时候，曾因病休学一段时间，于是，突然离开了朋友们。从此她开始觉得学校很可怕。结果在上高中的时候曾两度退学。现在正以通过大学入学资格审定为目标努力学习。松原先生向她接二连三地提出了问题。

问：为什么不去上学呢？

答：与其说不去上学，不如说是“不能去上学”……我虽有去上学的心愿，但是，如果不能进入朋友圈子，上学也非常无聊，而且，精神上会感到非常痛苦。

问：为什么朋友们都离开了你呢？

长时间的沉默不语。她凝神沉思。

答：我不了解他们是怎样想的，我也正为此感到苦恼。

松原先生的追问，到此仍不罢休。

问：这时候，你的心情是怎样的呢？

答：这伙人完全变了，这难道就是朋友吗？

提问已经该停止了！我简直不忍听下去。请别再追问她了！停止吧！这时候，我突然回忆起松原先生讲过的话。

“在今后的各种各样的采访之中，即使是采访对象不愿启齿的事情，即使是对方欲隐瞒的事情，有时你也非追问不可。”

的确如此，在提问到有关个人问题时，好像必定会触动“原有的伤疤”。但是，这就是采访。如果问不出那些问题，就无从向观众转达信息。即便是这几个女学生，今天，她们在思想上同样也是“有备而来”。我的想法实在太单纯。

“方便面泡好了吗？”松原先生以为中午要吃方便面。

经他这一问，人们才意识到现在到了午餐时间。已经十二点半了。采访持续近三个小时。众人慌忙将“食堂”定于隔壁的教室，于是，赶紧移动课桌，搬动椅子。这时候，编导宫泽先生突然高声叫喊道：

“松原先生，你如果能变‘小’的话，不就成了‘小’松原吗！”

“是那样的，正因为如此，刚才我心头已经涌起某种亲近感。”

因过于风趣，众人禁不住为之大笑。连续三个小时紧绷的肌肉和心境一下子放松下来。饭馆给送来了我在用贺中学时代经常吃的“长寿庵”，我已经嗅到它那令人怀念的味道。坐在我旁边的斋藤小姐朝着浇有鸡肉和鸡蛋的米饭不住地啧舌，说道：

“太好吃啦。乙武先生经常有这种口福吧？”

“嗯，提起用贺的面馆儿，就数这里了。”

“是吗？难怪不给我们送到横滨的户冢去呢！”

众人再一次哄堂大笑。在此之前，一直低头不语的小松原小姐，脸上终于露出了笑容。但是，尽管如此，只有一个男孩子，表情依然没有改变。

不眠之夜

午餐之后，又持续进行了大约一个小时的采访。我简直像被击倒在拳台上的拳击手，已经精疲力竭。下到一层，坐上停在那里的轮椅，觉得过了好长时间才恢复了原来的自我。突然，一只粗大的手伸过来，为我摘掉别在胸前的微型麦克风。

“啊！是若林先生，你辛苦了！”

“噢，你累了吧？”

但是，采访到此并未结束，还有一项工作，就是要去今天被采访者之一的竹内宏明君（当时，他读初中二年级）家进行家庭采访。他家住琦玉县志木市，着实不近呀！只好再坚持一下！

竹内君运动神经十分出色，在足球场上有入球记录。最近，他突然变得夜不归宿，据说也不再去上学。他母亲给我们寄信说：“他钻进了一条死胡同！”母亲可谓心急如焚。

但是，这位竹内君根本没让我们看到他平素的面孔。在长达四小时的采访中，最多也就断断续续地开了两三次口。其余时间，始终将身体缩成一团。他身材高大，使人怎么也想不到他是初中二年级的学生。他一直缄口无言，是个“强敌”。

到达志木市的时候，雨越下越紧。在竹内君家中，所有家属都已聚齐，他的母亲热泪盈眶。在这种情况下，我想竹内君同样难以开口。于是，我请他带我去二楼他自己的房间。一上二楼，墙壁上有一个很大的洞。

“这是竹内君干的吗?”

他频频地摇着脑袋，大概意思是说并非如此。在房间内坐定，进行正式采访前，要先从能引起他兴趣的话题入手。诸如，你正在看哪本漫画书啦，听什么音乐啦，放在那里的滑板是什么时候开始玩儿的啦等等。我好像在取悦于他，实感痛心。

进行问答时，竹内君一直抱着靠垫。他身材高大，相貌中已洋溢着男子汉气，但是，他的心理状态依然是中学生。他掩饰不住自己羞涩的神情。

“听说，今天，你也是早晨才回家，去哪儿玩儿了?”

“嗯……去公园。”

“去公园？与什么人在一起?”

“高年级的同学。”

与其一对五，不如一对一更便于提问。但是，略显气氛不足。

“和高年级的同学一起干什么呢?”

“聊天。”

“谈些什么内容?”

“感兴趣的事。”

最终也未获得赫赫战果，我作为失败者决定铩羽而归。归途中，我与南部先生同乘一部出租车，雨滴打湿了车窗。

“南部先生，今天我真不好意思。”

“什么事？怎么啦？不是非常好吗？初次工作，还没像你这么出色的呢！”

“不，不，一看到松原先生，我就觉得自己可怜和难为情。”

“你马上就和松原先生比是不行的，他呀，已经搞了十多年了！说真的，乙武君干得不错。”

大概是为了宽慰我，南部先生的说话方式和对我的称呼都与往常相异。

“是那样吗？……”

“尤其对竹内君，你曾提出中肯的问题。”

“哪个问题？”

“你曾提问竹内君说：‘将来，如果你与自己心爱的人结婚并生下孩子，你的孩子在上中学的时候，如果也夜不归宿，你会怎样想呢？’”

“他曾回答说：‘我想让他按时回家。’”

“嗯，那样的提问，决不是突然能提出来的。”

“不过，南部先生，作为一项工作，既然已经允许我做，我就不愿再讲‘我还是学生’或者‘我还不熟悉’之类的理由。因此，我还是很懊悔……”

漫长的一天终于过去。一天中发生了各种各样的事情，而且，使我浮想联翩。晚饭过后，我回到自己的房间，给当时正在相处的女朋友打了电话。

“我很懊悔，真的很懊悔，就这么……一个开头。”

她并未给予我柔情宽慰，也未加以责备，只听到一声“噢——”也许她没有看到播放的内容，这么一想，我的心反倒踏实了许多。

“由于懊悔和自卑，我今晚很可能睡不着觉的……”

那天，我精疲力竭，夜晚10点以后，比往常更早地进入了梦乡。

第四章　时来运转的男子汉

多种用途的纸片

来了一份传真，总觉上面的折线图表莫名其妙，而且，折线有好几条。之后不久，电话铃响了，是南部先生打来的。

“现在，让我把昨天的数字给你。”

“数字？”

“啊，就是一般所说的收视率，当然，不应把它看得太重。但是，我告诉你，收视率非常高。”

对苦于校园暴力和不愿去学校的孩子们的采访，是我进行报道的处女作，在收视率方面，它好像是个可喜的开端。《新内容第一》节目的收视率第一，平均达到12.9%，仅次于它的就是《新闻的森林》，平均达到10.5%。达到两位数字，好像就算完全合格。

“你看一下图表中曲线的变化就会明白，凡是乙武君出现的场面，收视率都很高。”

“啊，是真的吗?”

后半部分是专题新闻，时间从晚 6 点 42 分到 6 点 50 分，图表上是实线上穿虚线。在这 8 分钟时间内，可以说收看《新闻的森林》的比收看《新内容第一》的还要多。当然，我心中有春风得意之感，不过，心境却十分复杂。

确实这是第一次，观众有可能是怀着“那个乙武君又做什么报道了”的好奇心才观看的。这仅仅是个开始而已。今后，为了能使观众继续收看，报道内容本身必须吸引人。尽管如此，第一次是至关重要的。这是现实。收视率高同样会给广大观众造成“怎么，乙武就那种水平吗”的印象，对此不能盲目乐观。不言而喻，眼下使“击败《新内容第一》”的目标得以实现，令人感到心满意足，但是，回首反思自己无能的报道现状，决不可天真地沾沾自喜。

但是，我很快重树自信。那之后，我不断收到来自观众的祝贺电文。他们以电子邮件、书信和传真等种种方式表达对节目的感想，使我重新感到信心百倍。

“在与孩子们的交谈中，既无强加于人的神态，又未采用说教式的语言，因此，毫无勉强插入之嫌，很难想像这是初次做节目。”

“看到谈论有关校园暴力问题的高中生渐渐将心扉敞开，我觉得这才是真正的消除心理障碍。”

“这个专题新闻使我懂得，欺负和被欺负的孩子们的心情都是痛苦的。乙武先生首次做第二主持人的举止是落落大方的，与其他主持人心心相通，毫无尴尬做作之感，我觉得很出色。”

当然，评价言过其实。不可否认有些评价是不需要的，例如：“我是乙武君的热心支持者，所以很高兴地观看了他的节目。”属这类内容的占多数。我觉得，若想在关键问题上得到些启示，最好能有人给我提出严厉批评的意见，不过，对于我这个有些“畏缩不前”的人来说，真正难能可贵的是祝贺电文的数量。

在节目播放之后，收到电子邮件的不只我一个人。有几条是给宫泽先生的。但是，那并非是几个人给他发来的，而是出于同一人之手。她是参加我们用贺中学采访活动的一位女学生，采访结束之后，好像在进行自由交谈时与宫泽先生交换了电子信箱的地址。

宫泽先生是二十几岁的独身编辑，容貌英俊。那位女学生也不像时下女高中生那么赶时髦，比同龄人显得更成熟，属于受到年纪大些的人喜欢的那种女孩子。其他演职员们发出一片取笑声。

“不简单呀，宫泽先生，好像热情过分了吧！”

“是否有点儿危险呀！打采访对象的主意……”

“她还是高中学生吧，年龄相差 10 岁以上是违法的吧。”

当然，宫泽先生本人在极力表白说，电子邮件内容平淡无奇，而且，她和我都没有那样的打算。但是，毕竟是受到比自己年轻十来岁女孩子的青睐，他好像并不太觉得不好意思。过了两三天之后，南部先生收到她寄来的一封信。

“噢，噢，这次是我的啦！”

南部先生虽然显出困惑不解之情，但仍掩饰不住欣喜的情绪。在打开信封的瞬间，周围的演职员们一边假装忙于手边工作，一边努力窥测虚实，都想看个水落石出。

“这是什么呀，是纸片嘛!”

好容易才从信封中掏出来的，原来是出租汽车费收据，是来参加采访时使用的。在另一张纸片上工工整整地补充写道:“请多关照。”

“情书怎么变成了收据呀!”

为此，演职员办公室内又爆发出一阵哄堂大笑。南部先生为难地咧了咧嘴。但是，仔细观看，还另有内容。

“请向当时带领我们参观播音室的叔叔表示问候。”

是谁?是谁呢?演职员们你看看我，我看看你。采访现场在用贺中学。但是，集合和解散的场所是东京电视台，一定是利用集合或解散时参观了播音室吧！究竟是谁为他们做的向导呢?这时，松原先生离开伏案工作的写字台，回过头来说:

“那是我呀……”

天下闻名的节目主持人，让女高中生一说，也不过是个“叔叔”。

八百日元买来的鼓励

4月1日，早稻田大学举行开学典礼。我的第二次采访任务是对早稻田大学开学典礼进行报道。这次采访的目的，是要调查新入学的大学生以何种心情步入大学校门，同时也对当代青年的气质进行一番探讨。如果我是早稻田大学的男性毕业生会更好些，可是，当时我依然是四年级的学生，是在校生。我担心，当把麦克风对准新入学的学生时，是否会有高人一等的感觉呢？我觉得心中没底。但是，由于上次是非常重要的采访活动，而这第二次只是格调轻松的一般性报道，于是，我便愉快地接受下来。这次的责任编辑是宫泽先生。

“乙武，首先必须决定的是如何对待广末问题。你看这个问题怎么办？”

“那怎么啦？你是什么意思？”

“因为广末是轰动全日本的大明星，所以，我想根本不可能不涉及她。不过，只是仅限于蜻蜓点水般地一般性采访，还是录制学生反映或做专访，是否对广末加以适当关注呢？你的意下如何？”

“嗯，你说得对。控制涉及的程度是高明之举。如果可能的话，连碰都不去碰为上策，可是……”

“怎么？”

“因为，我们《森林》是新闻节目，并非内容广泛的访谈节目。如果是包括大学在内的素材，我也觉得厌烦。是否仅限于纯粹的新生为好呢？”

“是这样的，我理解你的用意。但是，你说‘仅限于新生’，而广末小姐也是新生啊！”

“啊！原来如此。”

我不由得与宫泽先生情意相投。彼此之间谈话不必矫揉造作，可像与朋友在一起似的诚挚交谈。我们如此亲近，不知是缘于他的人格，还是仅由于年龄相仿。无论如何，这种心直口快的性格，如果说得不中听，就是事事满不在乎，我感到他与我如出一辙。

“啊，那么，咱们当天穿便装就可以了，不过，作为播音用的西服套装应事先准备好一套，把它放在采访车上。”

“哎，采访的当天就播出吗？”

“大概是吧！若是像上次一样的内容，什么时候播出都无关紧要，像本次这样的社会时事素材，如果不当天播出就没有价值了。因为这是真正的新闻。”

“言之有理……”

早晨八点半之后我们会合。采访工作本身我并不讨厌，但是，我懒得早起。对于大学生来说，早晨8点的时段就该算“早起”。那么，如何着装呢？上次采访可谓开端，穿的是最称心的毛衣。但是，若今后每次出外采访都选“最称心的”，我的衣橱里也就无可挑选了。正当我茫然不知所措时，母亲催促说：“今天穿什么衣服呢？要事先作好准备。”于是，我选了又选，说：

“就穿放在那儿的那件驼色针织上衣吧！”

“在韩国买的那件？”

“是的，是的，就是大约800日元的那件。”

“要上电视，就穿它吗？”

“里面再穿件白领的衬衫。您看，这样一来，怎么也看不出它仅值800日元啊！外面如果再罩一件灰色的短上衣什么的，真是无可挑剔！”

“啊！真的，格外精神！”

“嘿，嘿，嘿！这就是乙武的魔术，您说怎么样？”

准备穿的西服已选定，顺利起程。很快与参加采访的人员会合了，但是，还没到喘口气的工夫，难题就来了。难题是由宫泽先生的一句话引出的。

“那么，开始报道吧！嗯——不，是在这里边走边试演一下。”

“啊？”

“不要惊讶，不能‘啊’！开始报道！”

“您说报道，具体该怎样进行呢？您还什么都没告诉我们，可是……”

“啊，是吗？对不起，对不起。我们一边走一边谈今天是什么日子，同时让摄像机拍一拍周围的情况，试播一下看看。”

喂，喂！指导仅此而已啊！宫泽先生，你算什么教师呀！樋口摄影师发出“开拍”的口令，摄影便开始了。

“这里是从高田马场车站一直到早稻田大学的早稻田大街。我们可以看到许多身着西服套装的学生，这种情景非同往常。今天是4月1日，是早稻田大学举行开学典礼的日子。”

“可以啦！这就是刚才我所想到的，怎么样？”

“这不是理所当然的吗！你方才是说开始报道！”

“嗯——做得很好，做得很好！”

啊！原来如此。如此马马虎虎的采访阵容有把握吗？

战场上的胜利

来到早稻田大学，人山人海。啊！三年前，我也是其中的一员呀。学生生活的刺激性是令人难以想像的，课外活动小组、恋爱、整理街道使之更适于生活、讲演活动和出版图书，还进行新闻节目的报道等等。我又回到这片土地上。

我想该在校园内进行正式采访了。可是采访工作丝毫不得进展。“她们”总是进行干扰。那些新入学的学生即使见到摄制组、见到我也没出现大的骚动，他们显得格外平静。但是，陪他们来校的母亲们却激动不已。

“啊，这不是乙武先生吗？竟然能在这种地方见到您，我们孩子也考上早稻田大学了，和乙武先生在一起上学！”

这话一点也没错，因为我也是这个学校的……

“请您与我们一起照个相可以吗？喂，阿优，站旁边。”

并没容我说“可以”，但是……藤原先生等人上前尽力阻止，说：

“对不起呀，乙武君正在工作。”

但是，她们一点儿也听不进去。

“我们马上就完，实在是难得的机会。喂，再靠近点。好，好！”

噢！我的上帝！她们怎么如此固执！我们彻底被她们牵制住了，我甚至想到，她们的能量也许可以取代原子能，用来作为一种新的发电动力吧！

我们像逃跑一样，快速离开举行仪式的礼堂所在地文学系，前往本校。如果是往常，步行也就是两三分钟的路，但是，因今天过于拥挤，竟花了十多分钟。即使在这里，也仅采访了几个班的新生。过了中午便离开了早稻田大学。当然，也许越有耐性越能得到更优秀的采访内容，但是，今天要与时间赛跑。到晚 6 点正式播放之前，采访内容必须编辑完毕。

下午 2 点以后，我们回到东京电视台。到节目播出还有四个小时的时间。松原先生已在演职员办公室。

“啊！乙武，回来啦。情况如何?”

“人太多了。嘈杂的声音也录进去了。气氛当然比上次好。”

“是这样啊！那太好了。呆会儿，让我慢慢看看吧！”

宫泽先生一直担心是否能来得及。

“好了，乙武走吧！去编辑室吧！”

“是！那么，松原先生我走啦！”

“噢，去吧！”

这么干工作多带劲啊！都是争分夺秒地干工作的男子汉。嗯，好极了！

编辑室在二层，它约有 100 坪（每坪 3.3 平方米）之大，用隔段分成 20 个小房间。本来就很狭窄的通道上，还乱放着堆有录像带的架子，便于移动的带轮的小椅子，对于我的轮椅来说，通道决不能算宽松。但是，我不厌烦这个空间。待到临近播放节目时，编辑室的气氛立刻会变得更加紧张。从“某种意义”上说，可以称编辑室为战场。在这里我们可以看到专业人员们一丝不苟争胜负的状况。

宫泽先生与我选择了其中的一间房子作为今天的战场，我们坐了下来。这里摆放着许多莫名其妙的机械设备。仅监视器就有四台。眼前都是电器开关、操纵把和按钮，仿佛净是些一碰就会被击倒的东西。更令人吃惊的是，进行具体编辑工作的不是宫泽先生。当然，由宫泽先生发出在什么时候连接哪个镜头的指令，但动手操作这些机器，实际进行编辑作业的是被称为“编辑员”的工作人员。

这天，负责我们节目的编辑员是武田先生。他为完全掌握这些机器设备的操作技术花了一年的时间，我看到他面对这些机器设备，操作起来如行云流水。他简直如“魔术师”一般。在此，我弄清了一个令人震惊的事实：他年仅 23 岁。真了不起。我面前的这位年轻人能熟练地进行如此复杂的操作，竟然与我同龄。我不该称他“武田先生”，而应称其“武田君”。但是，由于满怀无比崇敬之意，我在其名字之后加上了“先生”二字。

宫泽先生一按动最右端的监视器开关，时钟的特写画面就切换到正在播放的电视节目。各电视台都是访谈节目时间，所有电视台都派了采访记者，对早稻田大学的入学典礼进行现场直播。为什么呢？当然是因为广末小姐。

但是，一直没播出广末小姐的镜头，现场报道出现持续的空白。总觉得广末小姐根本没参加入学典礼。不得已只好播出对其他学生的访谈。

“乙武，你的理解是正确的，我们的选择是对的。”

“哎，为什么？”

“如果以广末小姐为中心作节目的话，就会出现很大的空白，与现在的效果相同。”

“是的。”

“如果做成那样的话，效果是不疼不痒。”

我们彼此看了看，脸上露出胜利而自豪的笑容。究竟战胜了什么呢？现在还不清楚……监视器的画面再次恢复为时钟的特写，于是，编辑作业开始进入最高的速度。

拍打克林顿

一过下午5点，就必须马上换装。我尽管是学生，也不能身穿毛衣和时髦西裤之类的便装出现在播音室。但是，我自己不能换衣服，只能请别人帮忙。宫泽先生今天由于编辑工作也许顾不上我，但是，一般情况下都是宫泽先生帮我。

《新闻的森林》的演职员们帮我换衣服，都是在二层的“D化妆室”内。一般说“化妆室”，都指的是洗手间，可我们这里是电视台，它是真正的化妆室，也就是化妆或换衣服的房间。不可能常有善于穿着打扮的大师陪在我身旁，西服、衬衫和领带的搭配方法，我一窍不通。来电视台以前，我手头没有足以考虑各种套装的经费，西服总共也不过一两套。如果不是又补买了一些，根本无法应付。啊！演出费都花光了……

宫泽先生取出放在轮椅下面的西服，我又成了换装的木偶人。

“你呀，看看，脖子处的血管都突出来了！”

“那不是没办法吗？这是上高中时买的衬衫，所以……”

穿上衬衫，又换好裤子，而后只剩系领带。但是，系领带是个鬼门关。当不习惯的时候，即使自己给自己系都很难，何况是给别人系呢，那更是困难。无论谁来干都需要一番艰苦奋斗。有的时候，连续三个人给我系，都遭到失败。在旁边房间的筑紫哲也先生实在看不下去，出来给我系好领带。嗯，他打的领带结紧，而且感觉舒服。

负责化妆的稻垣先生是个了不起的人物。若问为什么，其原因要从1998年11月谈起。那时，美国总统克林顿来日本访问并出席了“筑紫哲也新闻23”节目的播出，负责化妆的就是稻垣先生。稻垣先生并不以当时的经历自鸣得意，而是态度谦虚地向我讲述了当时的情况。

“不，不，那时候我也是很紧张的呢！化妆有多种多样的手法，例如抚摸式的化妆手法等等。我呢，一般是采用海绵拍打式的化妆手法。但是，毕竟不能说给总统拍打拍打，所以就非常客气地说，请允许我为您做一下妆。”

我多次请稻垣先生做过化妆，的确被他“拍打”过。他的动作相当细腻而有力。

“但是，毕竟要有节奏地拍打呀，而且，渐渐地力量越来越大，如往常一样。不过，这样一来，并排守候在总统身边的美军基地安全部的保安员们吓得动作起来。”

“那时吓得魂飞魄散了吧。好像导弹之类的要飞过来似的！”

因开学典礼的采访编辑工作进展顺利，时间完全来得及，于是在第二次重播结束之后，我们便商量今后该处理哪方面的题材。大家一起聚集到东京电视台11层的“J俱乐部”。

“怎么样，乙武君，今天看起来你已经是轻车熟路了。”订好饭菜之后，广成先生说道。

“是的，比上一次干得也有兴趣了。”我说。

“是吗？那太好了！那么，下一次做什么内容呢？”

这样说着，他将一张纸递到我面前。作为下一次采访的候选课题。列举如下：

- 仅动嘴的患有肌肉萎缩症的原战地记者。
- 种子岛的轮椅马拉松。
- 即使失掉了脚，还要挖地雷的生活在柬埔寨的人们。
- 使与疑难病症斗争的孩子们的愿望得以实现的团体。

我大略过目，拿不定主意。我一边用舌头舔嘴唇一边左思右想。究竟该定哪个题目呢？我并不是拿不定主意，我犹豫的是现在该不该将头脑中想到的和盘托出。但是，广成先生的一席话使我下定决心。他说：“乙武，你不必客气，我希望听听你的意见。”

“那个，我觉得，在此列出的题目均出于一种构想，即‘虽有残疾却顽强奋斗’。但是，说老实话，我不想光做这方面的题目。”

“你的意思呢？”

“大概，我所追求的采访内容，是‘消除障碍方面的报道’，但是，纸上列出的题目，可以认为是‘激动人心的剧本’。”

松原先生明确地采纳了我傲慢而显得稚嫩的意见。

“但是，乙武，说老实话，我们不明白什么样的内容是

'消除障碍方面的报道'，而且，我立刻觉得，我们的采访题目已经全部列出来了。"

"松原先生，那不要紧。请试想一下诸位的日常生活。早晨从家里出来，去公司或学校。那时候，在乘坐的电车或公共汽车上，身体有残疾的人乘车有没有困难？午休或工作结束后，会去某餐馆吃饭吧，您去的餐馆即使乘轮椅也可以就餐吗？每逢节假日，大家都会出去旅行，残疾人也能自由自在地去旅行吗？仅在这种种生活现实之中，就存在着'消除障碍'的突破口。"

"诚然，仅仅生活现实中就存在突破口。噢，太有意思了！"

松原先生口中再一次重复这句话。他呀，下一个采访方案必定已在他头脑中成形。

广成先生也立刻对我表示理解。从系列的网站中努力收集起来的题材，全部被否定，我心中充满歉意。如果是喜欢炫耀个人权力的制片人，或许会强硬地使他的某个采访方案付诸实施。但是，广成先生采纳了我的方案和意见，当场表示设法改变采访方向。我遇到了"圣主明君"。我的确是一个幸运的男人。

第五章　马科斯、尸体，还有我

美味佳肴

4月6日，是我的生日。南部先生给我发来传真以示祝贺。

“祝贺你23岁的生日。我23岁的时候，正从大学三年级升入四年级，回想起那段吊儿郎当的日子，我非常羡慕乙武君。先不说支持者信件之类的事，我想谈谈现实问题。”

没什么大事，是商谈下一次采访事宜的传真。他始终从工作出发的态度，凝聚着其人格的魅力。

这次的主题是“消除车站的障碍”。在第二次采访内容播出之后，当商讨采访题目时，我谈到“消除障碍的突破口，存在于多种多样的生活现实之中”的观点，所以，焦点集中在任何人都要乘坐的交通工具上，决定对其进行采访，现与南部先生再次仔细切磋。

“这次，乙武君在采访中希望传达给观众的内容是什么呢?”

“作为基本方针，我认为，在平时大家上下车的车站，如果乘轮椅，究竟有何不便，首先应将这个问题反映出来。但是，‘那不行，这也不行’的指责论调是不可取的，而我想将‘这样做就会方便起来’的信息传达给观众。”

“言之有理。具体地说，哪个交通部门比较方便呢?”

“作为大前提，我认为，要看该车站是否有相应的设备，使乘轮椅的人无需乘务员帮忙，凭自己的力量就可乘车。从这种意义上来说，东京都经营的12号线最合适。他们早已装有电梯。”

“嗯，好吧，那是新建的地方，设备齐全一些。”

南部先生边作记录边随声附和。

“事实并非如此。消除障碍工作做得最好的是东京都营电车的‘荒川线’。”

“哎？可是，那里的电车是旧的呀!”

“是的，地面上的电车对于乘轮椅的人来说都很方便。因为，它很少有台阶。尤其是东京都营电车的情况更好，从道路到站台都有斜坡，所以，我一个人都能乘坐他们的电车。”

“哎，原来是那样啊！那很有意思。采访一下试试!”

我与南部先生就这样持续地交换着意见，推敲着我们的计划。与进行校园暴力的采访和开学典礼的采访不同，这次采访是从策划阶段我就开始介入了。与品味由别人摆在面前的菜肴相比，亲口品尝自己付出辛劳制作的饭菜一定会更感味道鲜美。

冒着蒙蒙细雨，我与南部先生一起前往新桥，以便将与品川炮台相连接的“百合鸥”① 站作为新建交通设施的代表进行采访，并与东京都营电车的设施进行对比。

“尽管如此，最重要的是把社长的劲儿也鼓起来。”

“哎，您说的‘社长’是哪一位？”

“啊！就是藤原先生的别称。”

藤原先生曾是东洋经济新报社的记者，之后来到东京电视台经济部，所以他一直漫步于经济领域。采访对象必然多为企业首脑，也就是社长占多数。

“原来如此。因此就称他‘社长’吗？”

然而，事情还有其他原因。当时，他的访谈对象不仅限于社长，还要涉及职员。此时，若以“社长”相称，会使对方职员心情愉快，因而，可以打听出更多情况，这好像也是藤原先生的一种手段。于是，社长便成为对藤原先生的爱称。而且，由于关西口音中特有的重读音，不是读做“社长”，而是“车长”。南部先生接着说：

“归根结底，乙武君，我们当然希望作为‘制作者’，也就是进行现场采访。这可不是站在像社长那样的立场上，对别人拍摄的内容加以调整。这次，以乙武君参加现场采访为契机，请社长也来参加久违了的现场采访，他真的会很高兴的！而且，会拿出极大的干劲来！”

听了这话，我怎能不喜形于色呢？好的！

---

① 百合鸥：中文意思为赤尾鸥，此处为车站名，不宜改用其他汉字。

失　败

我也是第一次在"百合鸥"站上车。电梯的设置和确保轮椅候车的位置等硬件设备十分完善，不愧为新的交通设施。而且，更令人吃惊的是，售票处和站台等处都有身穿电车公司制服的打工人员在待命，当像我这样行动不便或需要帮助的乘客到来时，可及时提供援助。这是及时提供援助系统。

我们迅速坐上电车，向"品川炮台海滨公园站"方向驶去。南部先生指示我说：

"乙武君，那么，你看着车窗外稍微给我介绍一下吧！"

"是，哎……今天不巧是个雨天，如果天放晴的话，心情会更好的，那边可以看到富士电视台的新大楼。"

社长撇着嘴说：

"乙武君，不给我说说吗？"

"噢！"

一周过去了，开始对东京都营电车和JR线的采访。天公作美，气候颇佳，人的心情格外舒畅。不过，令我吃惊的是，当天的集合地点距我家步行竟然需十多分钟。因而，南部先生打来电话说，在约定的地方已为我准备好出租车。我多次表示谢绝说："路并不远，所以免了吧。"但是，对方坚持说："你行动不便，就乘出租车吧！"我觉得如此关照实在难得，思来想去，我受到了过分的娇宠。因此，我本人也应该谨慎从事，更要加倍自律，不要发展到让别人觉得此人不值得关照的地步。

一到集合地点，除了南部先生和摄影人员之外，还有一位年轻男子。他身高将近180厘米，相当魁梧，身着白色带有领尖扣的衬衫和瘦型牛仔裤，另罩一件茶色短上衣。也许是双手插兜的原因，远远望去，给人以可畏的印象，但是，走近一看，他却笑容可鞠，一双细目和蔼可亲。他一点儿也不可怕。

他是松田崇裕先生，从前在社会部的警视厅俱乐部任职，在东京都知事选举采访结束后，好像从本周起分配到《新闻的森林》。继南部先生、宫泽先生之后，成为第三位与我合作的编辑。他是怎样的人呢？每有不期而遇者，我总是心神不安。

东京都营电车的采访顺利完成，然后直奔JR线的涩谷站。我与南部先生预先进行商讨。

“乙武君，涩谷车站的采访重点应放在哪里呢？”

“嗯，应对措施之差。”

“哎？”

“我说个笑话罢了，那终究是个大车站，因此，对乘轮椅者的接待，也许会等很长时间。涩谷站我没太利用过，不十分摸底，但是，东京站之类的地方往往要乖乖地等五至十分钟。我想，应以读秒的方式，将那里的情况转达给观众。”

南部先生双眉紧锁，脸上紧张得出了皱纹。

“这样做，我觉得非常有意思。但是，毕竟有些苛刻！”

“为什么呢？干吧！”

“乙武君因为是第一次来，但是，这样带着摄像机来采访，事先需得到允许，必须进行联系，说明哪一天、何时来采访，采访的宗旨是什么，于是，对方的宣传部门要出面，或者预先布置布置。唉，因为是企业，这是天经地义的。”

“那么，我们就无法采访到平常的自然接待状况啦！”

“有这种可能。”

“这叫什么事，简直成了政府机关。”

“是的，正如你所说的。因此，也只能采访些站台曲折难行、列车间隙过长等的东西。尔后，对乘务员的采访，也只是听些如何如何好之类的内容。乙武君，拜托了！”

算了吧！怎么采访呀！

下午3点以前，我们到达JR线的涩谷站。戴着宣传袖章的男人已经等候着我们，紧随在我们的斜后方。的确不好对付。我们边报道边走向站内，总算到达检票口，我像往常一样与窗口里面的人打招呼。

“对不起，我想坐轮椅去乘山手线，能请您帮个忙吧……”

“是，请到这边来！”

我的话音未落，一位乘务员出现在面前。莫非他在等着我吗？不会有那样的事吧！面对这与往日截然不同的接待方式，我呆若木鸡。全让南部先生言中了。我强忍内心的悔恨之情，跟在乘务员的后面。

我几乎未曾独自从涩谷站上下车。原因是，对于这里的不便早有耳闻。但是，在1998年12月，也就是采访前的四个月，这里安装了通往站台的直达电梯。这样一来很方便，今后来涩谷的机会兴许会增加。关于电梯的安装，当我们采访JR线涩谷站副站长时，他却莫名其妙地对我们表示感谢，说这都是托采访的福。说到该站的每个工作人员，那的确都是好人，可是，他们的组织之严密却令人瞠目结舌。

对于艰难的采访工作的完成，我自己也在渐渐地予以理解。我们离开涩谷站，又结束了对原宿车站的采访，坐上出租车。

“乙武，辛苦了。到此，今天的采访全部结束。”

“确实有些累了……南部先生，阶梯升降机的采访怎么样？”

“啊！是乙武君曾说过的‘因为让人害怕，所以，无论如何要采访’的那种设备吧！”

“在新大久保车站等处也有，但是……”

所谓阶梯升降机，顾名思义就是带有履带式装置的、可载轮椅上下台阶的机械设备，乘轮椅的人对此反应极坏。这种升降机的倾斜角度大得出奇，乘坐者根本不清楚自己目前处于何种位置。可以说每坐一次升降机，就会缩短寿命三年，真是极为可怕的设备。

“我事先打听了一下……当然，对方没有采取完全拒绝采访的态度，不过，他们东拉西扯，反正不让我们拍摄。归根结底，是不想让我们拍摄那些不方便之处。实在不理解，但是……”

“营团线之类的如何？”

“更不行了，根本不接受采访。”

“真该死！我原想做很多实地采访呢！我曾打算使用放在轮椅上的数码摄像机的图像以收到身临其境的效果，或是让乘务员亲自坐上升降机，请他实际感受一下。我原有很多打算……”

本来应是一次十分愉快的采访，却偏偏又弄了一肚子火。

巨大影响

“消除车站障碍”播映完了，往日的一伙人又去喝酒。说是喝酒，我这个不善饮酒的人只要了乌龙茶。大家完全理解我，绝对不强迫我喝酒。众人就坐，除我之外，每人一份鲜啤酒和乌龙茶，这已是老规矩。

“能给做个土豆沙拉吗?”

土豆沙拉是松原先生最爱吃的东西。无论菜单上有没有这道菜，他都要订份儿土豆沙拉。酒一下肚，各自的性格特点便显露无余。说得最热火朝天的依然是他——“社长”，也就是藤原先生。

“乙武君呀，我想，新闻节目是由两大要素组成的。第一，是将社会上发生的事情更迅速更准确地传播出去。这就是所谓的首播新闻。另一个，就是将我们的思想观点作为一种信息传达给观众。也就是对从前播发过的新闻进行发掘，将这种信息传播出去，而且，要以全新的语言和图像组合起来，进行传播。”

他喝了一口啤酒，发出咕嘟嘟的美妙响声，咽了下去，然后，皱起眉头说道：

“情况原本应该是这样的，但是，我们无论如何要竭尽全力来满足每天播放的新闻内容，传播信息的责任完全被抛到脑后去了。因此，我希望乙武君能做一下这方面的工作。”

“如此重要的工作，我能够胜任吗？”

“啊！已经做得很出色了。所谓普通的新闻就是要快速传播，给观众以惊喜，使人产生‘啊！是这样’的感觉。但是，今天乙武君采访的关于车站的报道就无需争分夺秒，但是，很显然，同样会给人以‘啊！是这样’的惊讶。今后啊，我仍希望提出此类的采访内容。”

这就算是传播信息的工作吗？的确，事件是在无任何企图的状态下发生的，但是，必须把它传达出去。我的报道内容不属于这一类，我是凭个人意志选定的题材，可以传播自己希望传播的信息。

返程的路上，我与西崎总编同乘一部出租车。西崎总编对我说：“我们在一起很融洽。”他说的并不是偶然感觉，倒像是无意之中吐真言。从赤坂驶向外苑途中，西崎先生开口说：

“实际上，最早提出希望与乙武君并肩战斗的是我。”

“噢，原来如此。”

“我呀，进公司之后，开始时当摄影师，后来成为记者之后，便长时间驻国外分社。从前，我亲眼见过各种各样的事件。曾目睹在菲律宾的马尼拉大革命中马科斯总统被驱逐，也见过卢旺达大屠杀的现场，并扒开尸体去采访。我注意到自己已经成为一个对普普通通事物无动于衷的人。”

这就是新闻报道的世界。如果是我，也许吓晕过去了。

“但是，去年（1998 年）的秋天，在我台的专题新闻上第一次见到你，我多年来首次感到震惊。”

莫非我比死尸还稀奇吗？

“当然啦，我并非为你的身体感到惊讶，而是为你的存在。我想，难道还有这样思路敏捷的人吗？这就是我惊讶的内涵。我希望与你共一共事。当时，我有这样的感觉：若能凭你的目光传播信息会很出色的。”

我一直普普通通地活着。自己也从不想一鸣惊人，而且，也从未故作姿态，只是以本来的面目接受媒体的采访。这一切甚至使这位身经百战的士兵，将我与轰动世界的重大新闻及尸横遍野的景象相提并论，并受到很大震动。对此，连我自己都感到有些毛骨悚然。我的存在究竟算什么呢？别人怎样看待我，从我身上究竟得到了什么呢？就像《五体不满足》的销路迅速扩大时一样，我心中感到不可名状的不安。

“方才，社长已经说过了。真的，乙武君，我觉得你在‘传播’能力方面拥有出类拔萃的天分。即使已积累了丰富经验的我们，同样有不如你的地方。我会全力支持你的！加油吧！拜托了！”

西崎先生略微有些醉意。但是，我深知他说的都是真心话。我究竟拥有什么能力呢？或许，我越刻苦努力才能看得越清楚。我从事这项工作，也许有着我特有的意义。

第四次报道主题为“密室中的障碍”，决定采访电梯问题。对于像我一样的轮椅用户来说，电梯是不可缺少的。但是，电梯这种设备，不能说只要有就足矣。在上次采访中围绕着车站的电梯曾与南部先生等工作人员进行过一番讨论。

“电梯内安装着大镜子，对吧！知道为什么吗?”

“哎？不知道呀!”

“像我这样乘轮椅上电梯之后，在电梯中常常无法转动，原因或是电梯小，或是人多拥挤。但是，里面安装着镜子，你看，就这样，我不必回头背朝门也可以出来。”

“言之有理。另外，女人可以用来整整妆，工薪族可以用镜子照一照自己的领带歪不歪……”

“当然啦，确有那样的用途。”

“是啊，乙武君，在报道了消除车站的障碍之后，又要将注意力集中到更小的地方去吗？是电梯之类的吗?”

“是的，要抓住细小的地方给你们看看。”

最好的朋友

在电梯专集中，我首次与松田先生配合。他是从警视厅来的，我总觉得他很了不起。警视厅俱乐部是何种部门呢？

“像警视厅这样新闻非常集中的部门，都有专供各种媒体记者集合的场所，也就是他们经常聚集的地方，这就是警视厅俱乐部，或是首相官邸俱乐部。”

“那里一定是忙忙乱乱吧?”

“是的，首先生活没有规律。我来到《森林》已一周，不过，说真的，已经有一年多没让我过这种正常人的生活了。”

松田先生有两个不满周岁的双胞胎女儿。平时让孩子睡觉都十分困难，可是，他在警视厅俱乐部时，偏偏每天都得到深夜甚至黎明才能回家，真是苦不堪言。这次采访是松田先生“恢复正常人生活”后的第一次，他必定很卖力气。

听说有所谓的电梯协会，是以电梯生产厂商为中心组成的。据说，为了生产出更优秀的产品，电梯协会经常邀请盲人来开征求意见会。这种诚恳的态度是极为少见的，所以我们决定去采访。

由于前一项工作的拖延，我连午餐也没来得及吃，10分钟前慌忙赶往麦当劳，之后便赶到现场。松田先生已先一步到达，另外还有一个人。松田先生已算身材魁梧，但这个人比松田先生还要大两圈，可谓强壮型的体态。他表情威严，莫非他今天是松田先生的监督？

“啊！乙武君，还没有吃午饭吗？”

松田先生看到我轮椅上挂着的麦当劳食品袋。

“是的，前一项工作拖延了时间。”

“啊！真的？现在吃完吧！还有一段时间呢。笠尾，帮他一下。”

嗯？怎么直呼其名呢？如果没有搞错的话，松田先生直呼了监督的姓名！

“啊，乙武君，我来介绍一下，这位是今年刚来的职员笠尾，目前正在熟悉情况。我来到《森林》，考虑到他总能发挥些作用，便带他来了。”

“我是笠尾，请多多关照。”

哎？看上去他比松田先生年龄还大，怎么是新进公司的呢？

“乙武君是早稻田的吧？我也是刚从‘早大’毕业，打橄榄球的。”

诚然，有那么一种味道，他的体格，无论是身高还是体重，都是“大号”的。

“知道池田吧，户山高中的。”

户山的池田……啊！橄榄球部的主力球员，比我高一届的池田前辈。我所在的美式橄榄球部和橄榄球部关系非常密切。在橄榄球部的成员当中就不用说了，即使对于我们美式橄榄球部的人来说，池田也具有领袖式人物的魅力。

“是的，你怎么认识池田前辈？”

“因为他也在早稻田打橄榄球，我们是同届。池田高中毕业那年没考上大学曾赋闲一年。仅就年龄而言，我与乙武君是同龄人。”

怎么，还有这么傲气的同龄人，竟然对池田前辈直呼其名，我感到不胜惶恐。我一边吃着汉堡包，一边与他进行初次见面的寒暄。

对征求意见会的采访结束之后，向盲人芳贺小姐和高桥小姐提出了问题：

“像今天这样，产业界人士主动听取你们意见的情况经常有吗？”

“是的。有的厂家提出‘我厂想生产坐着舒服的产品，但是，不知道什么样的东西更方便’之类的话题。近来，我感到这样的情况一直在增加。”

“对此，你有何感想？”

“过去，都把我们当做‘总是提出常人不会有的特殊要求的人，是难以对付的人’，最近，我感到，终于把我们也当做‘他们的用户’了。我非常高兴。”

“可不是嘛。”

“还有，以前生产厂家没有意识到残疾人也要使用他们的产品。我觉得，最近以来，普遍对残疾人重视起来了。”

她们的回答简单明了，内容丰富，所以访谈速度加快了。

“同以前相比，切实感到有明显进步吗?”

“我已经感到，厂家具有一种热情，它不单纯是想不想听取残疾人的意见，而是只要能够做到的要尽量做好，使征求意见的时间不白费。”

“您是了解了对方的这种态度之后，才愿意畅所欲言的吗?”

“的确，如您所述。不过……”

方才，高桥小姐始终爽快地回答问题，但这会儿，她的表情突然间变得顾虑重重。

“我只能谈自己的感觉。即使是盲人，也不可一概而论，有先天失明的，也有后天失明的，有的人经常外出，也有的深居简出。盲人是千差万别的，因此，我觉得必须站在广大盲人的立场上去反映意见。”

芳贺小姐也表示同意。

“也只能那样做。”

归根到底，她们也遇到与我相同的问题。多亏《五体不满足》这本书，使我成为日本最名实相副的残疾人。当然，这不是我的本意。以往人们认为残疾人均为“认真、谦恭、客气、努力的人”，面对这种一成不变的观念，我只想介绍一下，另外还有像我这样的“不认真，好出风头，不肯努力”的残疾人。也许由于我的书销量太大，以往对于残疾人的前一种固有观念转变为后者，也就是说，以为残疾人都像我一样乐观。我原打算将太偏右的观念拉回中间来，因力量过大，又将它拽到了左边。这决不是有益的行为。“残疾人都像乙武君那样乐观地生活着”的认识如果成为主流，就会出现对残疾人的痛苦视而不见的危险。过分的要求和抗议会起到相反的作用，但是，残疾人所处的环境依然是非改变不可的。由于我的出现，便对改变残疾人处境问题玩忽敷衍，这是非常可怕的。

书出版以来，我感到视我为残疾人的代表的倾向越来越明显，而且，以此为宗旨的采访活动也在增加。但是，我代表不了残疾人。无论怎样想征求残疾人的意见，我也只能作出乙武洋匡的答复。我永远是我，残疾人的代表是不存在的。

我了解到她们也为同一问题感到烦恼，心中才感到有些心安理得。我原本与残疾人关系淡薄，对我来说，能够聆听她们的心声，确实具有非同寻常的意义。大家都说，到媒体工作就会相应消耗自身。我觉得这没有错，但是，我相信一定会得大于失。在拥有这种自信期间，我大概会继续从事这种工作。

电梯专访也顺利地播放完毕。我以为大家会像往常一样一起去喝酒，从演播室一回到演职员办公室，责任编辑松田先生便穿好上衣，拿起书包，朝我挥挥手说：

“乙武君，对不起了。今天该轮到我给女儿洗澡了，我先行一步啦!”

我惊得目瞪口呆。南部先生从我身后招呼说:

“松田先生的确是很辛苦的呀!孩子还不满周岁，而且是双胞胎。夫人一个人是够紧张的。乙武君，给他点理解吧!”

我深受感动。工作，因为工作营造一个没有家庭而属于自己的领域，这是当前日本人中间存在的一种潮流。我一定不会这样做。与并没有感情的人去饮酒只能觉得痛苦，而且，当妻子或孩子生日的时候，我愿意尽早回家。但是，应当明白自己完全属于一个组织，或许不该为了个人家庭脱离集体吧!不过，松田先生已经做出了榜样。进而，同事们并未把他当做“古怪的人”，而是给予充分理解。这是多么优秀的团体啊，不管怎么说，这是松田先生的生活方针。我比他年轻十多岁，我妄加评论是不合乎情理的，但是，自从那天以来，我简直变成了“松田信徒”。

第六章　新人的失误

来自指尖的世界

“乙武君，这是一个怎样的计划？你是否能更详细地介绍一下。”

上级希望我把想做的事情和大家可能尚不了解的问题，归纳为几项计划提出来，我将其整理好写在两三页报道专用纸上。社长的目光停在其中“消除神社佛堂障碍”的计划上。

“利用长野国际残疾人运动会观光旅游的机会，我曾去过善光寺，那里设有斜坡路，非常适于旅游，听说将来必须拆除斜坡。”

“怎么啦？那不是挺方便的吗？名声很不好吗？”

“不是的。那个斜坡建得很漂亮，设计时已考虑到斜坡与善光寺的整体景观的协调。我觉得像是以前就有的。而且，口碑似乎并不坏。”

“既然如此，何以拆除呢？”

“可是，善光寺好像被指定为重要历史文物。”

“重要历史文物？就那样一所寺庙！”

“这我也不太理解，不过，只要是重要历史文物，作为一个原则，连一颗钉子也不准往上钉。因此，建有斜坡则被视为不成体统。目前，处于‘暂时使用，不久就会拆掉’的状态，就是说，这个斜坡即使是一个钉子都不再钉了，也不容许存在，迟早有一天是会将其拆掉的。”

“真是太有意思了！”

“不过，此事其他节目中已谈到过，对此您怎么看呢……”

“那不重要，我们不要只盯住善光寺，如果去京都，被指定为重要历史文物古迹的地方多得很。可以事先去一一寻找适合采访的地方。”

“啊，言之有理。”

“只要有顽固地墨守成规的，那就算一种京都倾向，如果有允许我们进行消除障碍采访的地方，询问一些情况就可以啦！”

第一次决定出差！坦率地说，我不仅不为之庆幸，反而更感到痛苦。洗澡、去洗手间，我自己都难以应付，接受需要外宿的出差工作，这对于我来说是需要点儿勇气的。当然，照顾我的人也是相当麻烦的，而且，此事绝非轻而易举，被照顾者同样于心不忍。不管怎么说，让即非父母又不是恋人的人给脱短裤……不过，尽管现在犹豫不定，我也不在乎了。

黄金周（连休一周的假日）刚过，5 月 6 日，我们一行人聚集到东京站。责任编辑宫泽先生，导演南部先生，主要负责力气活的笠尾君，还有以樋口摄影师为首的三名摄影人员，这是总共为七人之众的“大家庭”。

在东海道新干线“希望号”列车上，设有轮椅专用间。门上有锁，是名副其实的单间。出于给婴儿喂奶等多种目的都可以使用该房间。此房间可乘坐两人。

“我与乙武有些工作要商量。”

宫泽先生说着坐进了单间。不会吧，在列车运行中还谈工作吗？而且，列车到达京都站，将运行两个半小时啊！正当我百思不解的时候，在列车开始运行前的 15 分钟之内，我们就采访问题进行了协商。剩下的时间便是无尽无休的闲聊，而且谈的都是女人、女人。

列车驶过名古屋，就快到京都了，为了收拾行李，我们走出单间，与南部先生等人聚集在一起。南部先生表示怀疑地问：

“我多次听到宫泽在单间里纵情大笑，你们真的商量工作吗？”

“一直在商量，对吧！乙武。”

“多少也……”

“又是尽谈些下流的内容吧！”

“不，不，都是乙武喜欢的事情。我们越谈越投机。”

喂，不要推卸责任呀！尽管如此，通过两个小时的密室杂谈，我更了解了宫泽先生的性格，今后我们的工作会配合得更加融洽。列车到达终点京都车站。我们与一位女性见了面。她叫竹下八千代，在23岁那年由于交通事故双目失明。这位少妇身着雪白的连衣裙，持白色手杖，是个漂亮女子。这次邀请她同去采访的目的是为了检验一下寺庙在照顾残疾人方面所做出的努力。我们首先造访龙安寺。

在京都，我最喜欢的地方是龙安寺的石庭。坐在走廊内，远眺摆放在雪白沙地上的石头，心情格外悠闲自得。但是，竹下小姐看不到铺满庭院的美丽的白沙和布置精巧的石头。她只能依靠耳朵了解周围的一切，石庭内既无流水又无树木婆娑作响，对于她来说，石庭是令人难以感受到的景致。

眺望石庭片刻之后，我们换了个地方，在一个石台上，放有一只截面为1米×0.5米左右的大沙盘，上面有与石庭相同的图形、数量相等的石头。此乃取名为“微型石庭”的微缩景观，这正是我们希望宣传的内容。它可以让盲人随意触摸，希望使盲人也能体验到石庭之美，这就是龙安寺的良苦用心。竹下小姐仿佛是用指尖去一一确认那些石头似的，仔细触摸，她的表情豁然开朗。手指尖、沙砾和石头，这并非是惊心动魄的场面，但是，摄像机将世界上最美好的东西记录了下来。它与文字不同，影像具有无穷的力量。

当采访结束的时候，天已经完全黑了。两宿三日采访日程的头一天过去了。晚饭过后我回到房间。宫泽与我住在一起。

“太累了！”

将房间钥匙插入钥匙架，房间内的灯便亮起来，对我们表示欢迎。

“给轮椅充电吧!”

“啊！拜托了。用那儿的软电线。”

哗、哗、哗……将热水蓄满浴缸的流水声响彻整个房间。这时候，宫泽先生开始用随身携带的笔记本电脑上网，查看电子邮件。我躺在床上凝神看电视。

“喂，马上就要洗澡了！先去洗手间吗?”

“那么，拜托了。”

我去宫泽身旁，请他帮我解开腰带。我靠墙站住，请宫泽帮我脱下西服裤和内裤。

“太感谢了，宫泽先生。”

“唉，不必介意。我上学的时候是舢板部的，一直与人共同寄宿，因此，对裸体男人早已看惯了，根本不以为然。”

他即使这么说，但这终究是对我的特殊照顾。如果是朋友或情人，当明知在生活上必须照顾我时，可以选择我，也可以抛弃我而去，但是，宫泽先生则不能，这完全是他的工作。不言而喻，进电视台的时候，必须给人擦屁股之类的事情，他是连想都想不到的。

“我太过意不去了，太感谢了。”

不知宫泽先生因浴缸中的热水发出的哗哗声没有听到我的话，还是故意装作没听到，他哼着轻松的小调，试着热水的温度。

遭暗算

我们辗转于龙安寺、三十三间堂、西本愿寺和知恩院等古寺。它们在京都也是极其著名的，无论走到哪里都有共同的感觉，人们具有努力消除障碍的热情，希望更多的人去参拜。这样的想法，已促使注重传统的寺庙神社进行“改革”。但是，重要历史文物是阻止这种改革实施的一堵大墙。各个寺庙的负责人都异口同声地说：“即使想设置坡道，也会以破坏整体景观为由，怎么也得不到批准。”得不到批准……我们为何不打听一下不批准的理由呢？一行人决定走访京都市政府。

为了使我乘坐电动轮椅也能在京都市内自由行动，宫泽先生千方百计地为我找到带升降机的出租车。在车上，我们再次仔细推敲对京都市政府进行采访的事宜。

“太好了，乙武。我算是明白了！在前面的采访中，我的脑海中已产生‘对于希望推行消除障碍活动的寺庙，市政府却命令其停止’的印象，因此，这次访谈显得更为重要。我们加油干吧！”

宫泽先生不时地用手抚摸长长的胡须。

“你的胡子长得太长了！”

“是的，因为最近太忙了！必须尽快剃掉！”

“长了不也挺好的吗？留胡子正与你的风格相称，总觉得你这样颇具欧洲贵族风度。”

“啊！是吗？嘿嘿！”

越说越觉得我与他甚有相似之处，即使在容易受人怂恿方面我们也一模一样。从那以后，他居然留起了胡子。

京都市政府的访谈对象是城市福利推进办公室主任和重要历史文物保护科科长。我们到底能听到什么样的论调呢?为什么安装一个斜坡都如此困难呢?届时，我一定要追问到底。满腔的热情使我给对手来个措手不及。首先，我从理应推进消除障碍活动的城市福利推进办公室主任下手。

问：当然啦，重要历史文物是需要保护的，同时，也应考虑能让更多的人参观，这两者之间存在着怎样的相互矛盾呢?

答：我们是边保护边确保参观道路的畅通，我们尽量争取做到双赢，我们愿意珍视这样的过程，我认为在这个过程中会渐渐创造出优美的环境。因此，保护重要历史文物与消除障碍活动并不是对立的，而且，我们的根本观点是使他们如何做到相辅相成。

问：在推进消除障碍活动方面，同属京都市政府部门的历史文物保护科是否经常提出反对意见?

答：我们不是在实行消除障碍措施后再协商，而是同时进行协商，当工作进行到最后阶段时，就不会再说“不行”。基本上采取齐头并进的方式，最近在行政工作方面也这样做。

问：那么，按您的说法，是以共同作业方式推进这项工作吗?

答：可以这样理解。

这是怎么回事？有些出乎意料。未能听到“由于消除障碍活动而妨碍文物保护”的论调，难道两者的关系比想像的更好吗？我心中留下一个问号，同时，向文物保护科提出质询。

问：为使乘轮椅者通行更方便，想加上斜坡之类的设施，然而，在重要历史文物中允许这样做吗？

答：如果被指定为重要历史文物，一般都会认为，对它不能进行任何改建，但是，现实并非如此。

问：当注意对重要历史文物进行保护时，你们与城市福利推进室之间，处于何种关系呢？

答：我们只是工作分工不同，但是，从广义上说，我们都是属于京都市政府管辖的机构，所以常常事先与推进室进行协商，尽可能根据双方谈妥的协作方案进行工作。

问：那么，根本不会出现分歧、甚至互相顶撞的现象吗？

答：可以明确地说，那是不可能的。

问：你们的目标相同吗？

答：是的。

他们是尽善尽美的！我完全误解了他们。按照我的理解，若要推进消除障碍活动，重要历史文物便会束缚人的手脚；为了保护重要历史文物，安装升降机和坡道之类的措施便是不可能的。可是，他们说两者不是对立的，是可以相辅相成的。

“不，他们都是很不错的人。”

南部先生慌忙向满脸堆笑地离开市政府大楼的我摆摆手。

“乙武君，不是那么回事。”

“哈，哈，哈！”

宫泽的大笑声响彻四方。

“哎，有什么奇怪的吗？”

“对于他们的话，你难道真的深信不疑吗？”

“怎么？不对吗？”

南部先生走到我身边压低了声音说：

“我说呀，乙武君，政府机关是统一的组织，所以，如果存在矛盾当然是不合适的。不过，世界上不是所有的事情都是黑白分明的，就像今天一样，作为一个概念，它们也许明显是对立的，然而，你却束手无策。”

“对，是那样的。”

“但是，从政府机关的性质上说，他们不能承认对立，而且，必须摆出运作顺利的架势。说起来，那也是他们的工作嘛！”

“喂，你呀，完全中了他们的圈套！”

宫泽先生从身后抚摸着我的肩头补充说。我眼前一片漆黑。

“哎……若是不行的话……中途马上停下来，由宫泽先生或南部先生进一步追问就好了……”

“那样是行不通的，因为这次是你进行访谈。”

“不，不，这是毫无办法的事。乙武君，即使我们干了多年的记者，采访那些无论如何不肯吐露真言的官员，同样感到非常伤脑筋。”

无论是督促我提高专业意识的宫泽，还是努力安慰我的南部先生，都体现出对我的亲切关怀，但是，今天他们的话都使我很痛心。

最后一天，即第三天的采访结束了。因为我已经约好与他人会面，必须乘午后的新干线列车返回东京。但是，听说摄影师们还有采访不充分的地方。所谓“杂感”镜头是并无特殊意义的影像，以本次京都采访为例，舞妓走路的婀娜步姿、绵延不断的石阶镜头等都是京都的象征，这些均为“杂感”镜头。为了播放报道内容，这样的影像并非是不可少的，但是，此类镜头越多，越便于进行细腻的编辑。编辑们会高兴的。他们觉得此类“杂感”镜头略显不足，想再拍摄一些，然后乘傍晚的新干线列车回东京。让我独自返回，大家都不放心，便让早稻田大学橄榄球部的笠尾和我一起回东京。

如今我与笠尾仍同乘一个轮椅专用间，而且，恰巧是来京都时我与宫泽先生闲谈不止的那间，现在它却显得格外狭窄。我们边吃盒饭，边进行同龄人的漫谈。

“笠尾君，我觉得很不好意思。”

“怎么啦?”

“其他新职员，实习期间在每个部门仅停留一两周，可是，笠尾君则被指定负责我的事情，一直在《森林》停留近两个月啦!”

“其实，仅停留一两周的话，还没有真正掌握工作内容就转到下一个部门去了。如果呆上两个月，反而会得到大家的关照吧！”

“但是，我采访的时候，其他新职员只是干各自的工作，他们不会经常这样辛苦，这次一连三天你都受着限制。”

“即使说工作，几乎也都是事务性的。我呀，反倒是沾了奥太（乙武）的光，才被带到现场来的。这是值得庆幸的。”

“什么，你说的奥太是何许人？是指我吗？”

“是的，奥太。称‘乙武君’，我难以出口，这样称呼可以吗？”

“可以是可以，但是，第一次有人这样称呼我。”

“那么，我就算你的起名人吧！”

“你这个傻家伙！”

新干线的列车驶进东京站。尽管笠尾君也很疲惫，但他还是将我送到换车的站台上。我乘入电车，门自动关闭。在慢慢移动起来的车窗外，站着我那位特体伙伴。他正微笑着向我致意。

“辛苦了，新职员。”

笠尾君也罢，我也罢，都在同时向对方表示问候。早已忘记的疲劳又一下子冒了出来。

纠缠不休

第二周开始，进行编辑作业。为了编辑，要进行试演，以确认录像带摄入的内容，在现场访谈之中讨论了哪些问题，为此要将所有的录像带播放一遍。像这次进行的长时间拍摄工作的采访，仅试演工作大概就需要两三个整天。实际上，每录制播放一分钟的节目内容，都要花上近一个小时的时间。《新闻的森林》的每个专题通常为 12 分钟，所以概算起来，编辑时间就需 12 个小时。编辑工作之后，再进行加入解说词，或配上字幕的作业，这才算初步完成。从前，若无其事地看到的一套新闻节目，竟然要付出如此多的时间和辛苦，这是我始料不及的。当然，自己已经加入到这个行列中来。

宫泽先生毫不客气，看到我极为生疏的访谈技巧，他便让录像机一次一次地停下来，提醒我，并向我提出忠告。

“这里的间隔掌握得不好，对方好像还要说什么，可是，你却提出了下一个问题，所以将这段内容减掉吧！”

“观众希望听的不是访谈者的声音，而是采访对象的谈话内容。提问应当更为简洁。这话说得太啰嗦。”

“应该懂得，对于采访对象的见解表示同意，目的是为了使他们更愉快的谈下去，可是，你‘嗯，嗯’表示同意，这种声音会影响对方谈话。应该仅点头示意，不要出声。”

编辑工作需要耗费大量时间。各个程序不间断地以最快的速度向前推进。尽管如此紧张，出于对我进行培养的热心，他仍然知无不言地提出忠告。我觉得，他指出的地方均恰如其分，宫泽先生的话是言无不尽的。

“乙武啊，依然有干得更好的信心吗？”

“当然有！”

“说到底，松原先生才是进行现场访谈经验老道的专家。

在以往的采访中，我觉得他有一段极为精彩的访谈录像，你想看看片子吗？”

“好，请让我看看吧！”

“不，乙武君如果没有兴趣，就当是我强迫你看吧！”

“能让我看，已实属难得了，今后我还想干得更出色呀！”

“原来如此，那么我去拿，你等着。”

宫泽先生拿来一盘录像带，它记录着对奥姆真理教松本智津夫被告的律师团团长渡边修的访谈内容。由于原任主任辩护人的安田好弘被捕，本来就迟迟不前的审判，进度会不会更为迟缓呢？这是松原先生就此现状与渡边修的一番唇枪舌剑。首先，松原先生读了以主张废除死刑而闻名的安田好弘先生写给某杂志的意见。

问：对于可预料必定判死刑的案例，难道您只能使审判长期地持续下去吗？难道设法使死刑的宣判无限延伸就是您最成功的辩护吗？这是您本次辩护的宗旨吗？

答：辩护团的成员没考虑到这个问题。

问：别人当然会说，将审判拖延下去是一种策略，尽可能使审判推迟是死刑废除论者的最佳方案。

答：别人怎么说，我不清楚，但是，实际上我并没有那样做。

宫泽先生让录像停下来，说道：

“这里非常精彩。你仔细听，松原先生提出的第一个和第二个问题，实际上说的是同一件事。只不过是换了一种说法的重新提问，于是引得对手作出不同的答复。你明白吗?”

“你说得很对。”

“那么再往下看!”

宫泽又按下放像开始键，访谈重新开始。

问：尽可能迅速地查明真相的意识……你难道一点也没有?

答：你说什么！难道还不迅速吗？目前对案情的审理，难道不是有些过快了吗?

问：难道不是过于缓慢吗?

答：不是的，是过快！

问：不是太缓慢吗?

答：不是过于缓慢，完全是过快。我再强调一下，是太快了。如果说审判过于缓慢的话，那是不合情理的！

问：但是，难道不是只有律师团才认为审判过速吗?

答：没那回事的。

宫泽先生一边捧腹大笑，一边按下了停止键。

“这简直像孩子们在吵架。”

“的确太紧张了!”

“‘迅速地查明真相的意识，你难道一点也没有?’这样的提问，只能认为是一种挑衅!”

“的确是……”

“但是，那是松原先生在进行战斗，他要激怒对手，设法引出他的心里话。因为这次采访是不寻常的，所以必须采取这种方式。当然要根据对手和情况区别对待。‘纠缠不休’地提问是松原先生在访谈中通常使用的手段。”

“能让我再从头到尾看一遍吗?”

最后，我与宫泽先生坐上出租车时已是次日凌晨。

第七章 不同意见

卓有成效的学习班

“太田晴弥先生是哪位?”

我泛泛地向演职员办公室内的人们询问道。

“太田先生吗? 到 3 月份为止，他一直担任罗斯分社社长。大概已经回到日本了。怎么，乙武君认识太田先生吗?”

“因为这张广告上写着太田晴弥的名字。”

5 月 11 日，将为本年度新到电视台的职员举行学习班，内容主要是新闻稿件的正确撰写方法和编辑工作。特聘的教师是太田晴弥先生和我们《新闻的森林》的总编西崎裕文先生。

以上是广告的全部内容。嗯，好像很有意思。

“这个学习班，我可以参加吗?”

“当然可以。不过，特意让乙武君去参加那样的学习班，有些……”

他们好像仍然把我当成客人。

“我觉得这是难得的学习机会，还是让我去吧！那位太田晴弥是非常了不起的人物吗?”

“很出众啊！你无论怎样称赞他都不过分。即使发个简单的消息，也有其独到之处。在新闻报道领域里，他是一位具有罕见‘个人特点’的人物。以前在《森林》当过总编。他精明强干。”

5月11日下午，我接受了三份杂志的访谈。访谈结束之后，于7点之前回到东京电视台。《新闻的森林》节目正好结束，在其播音室内并排放着折叠椅。学习班将在这里举行。在前面第二排的右端，我占好了自己和笠尾君的位子，其他新职员也陆陆续续地到齐。

教师一身深灰色的装束，相同颜色的领带配着一套入时的西装。瘦长的脸上戴着一副细长的眼镜，登上讲坛的是“太田晴弥”。转瞬间，场内的空气紧张起来。

“诸位，晚上好，我是太田。”

太田先生笑着开始讲话，言谈举止温文尔雅。但是，场内气氛却丝毫未能缓和。岂止如此，听课的新职员反倒觉得脊梁越绷越紧。怎么回事？莫非是初次见到如此有才干的人吗？他无论怎样言谈谦恭，仍掩饰不住周身显露出的“我乃能人”的灵气。他仿佛表现出富于戏剧性的性格，的确能让人看出他“才干出众”的风貌。太田晴弥就是这样一个人。

太田先生讲课的方式非常高明。他将曾经使用过的新闻文稿放大在画面上，明确指出什么地方难以理解，并将自己修改的文稿与之对比。

“好啦，那么，我们看下面一段。”

画面上的文稿被更换。

“昨夜下午十点半左右，在JR线大宫车站的残疾人专用厕所内，前来打扫卫生的男性清洁工发现了一个两岁左右的幼女尸体。”

“这句话，什么地方不合适呢?”

然后，他一个一个地点名请学员回答。人们更加紧张起来。一位被点名的刚到电视台的女职员不知所措。

“嗯……‘来打扫卫生的’后面都是多余……的吧?哎?不，不……”接下去只是怯笑。但是，大家没一个人敢笑，不，实际上是笑不出来。因为，我们不知道该如何解答才是。

“那么，你说呢?”

“……是两岁左右……的地方吧!”

回答的声音有气无力。太田先生的提问简直像审问。

“喂，你如何?对不起，因为我不知道你的姓名。”

“是清洁工那个地方……不需要‘男性’二字吧……”

“好啦……实际上问题出在这儿。”

他高高地举起右手，啪地弹响手指。于是，在预想不到之处打亮红灯。

“是这里，不觉得‘昨夜下午十点半’莫名其妙吗?”

可是，为什么?哪儿不对呢?

“应当写成‘昨夜下午十点半’吗?不，应该写成‘昨夜十点半’，否则会令人费解的。但是，据说因为大家都不觉得哪里有错，这样的文稿竟然发出去了，这是一个非常好的实例。好啦，我们看下一个。”

进度恰到好处。然而，众人不寒而栗，好像担心会被毫不客气地开除。

“日本航空运输系统，因飞行员等组成的乘务员工会举行罢工的影响，决定30个航班停飞，从今晨起一部分航班已经停飞。决定停飞的航班以发自羽田机场的主要航线为中心，共30个航班。”

“这个问题，乙武君，你来看看，何处不通顺?”

乙武，你大难临头啦！我是第一个被提问。我挖空心思，甚至于连名称也加以核对。我在头脑中再一次反复地仔细默读。怎么？总是“停飞”、“停飞”的，令人讨厌。

“是‘停飞’一词用得太多了。”

“你说得对。”

哎呀，总算猜对了。我由衷地感谢这有如神助的“偶然”。太田先生继续说：

“停飞一词出现三次之多，此文就不优秀了！”

作为一种噱头，令人感到十分风趣，但是，大家都不笑，所有参加者的心中，没有欣赏这个噱头的闲情逸致。进而，又以三篇文稿为例，进行讲解，最后，太田先生加以归纳总结。

“最后，我希望大家不要忘记，我们是在向谁播出新闻。其中有著名司仪大桥巨泉。他曾提出过‘看到了照相机对面的餐室’这样一个举世闻名的病句。也就是说，对于自己在向何人传播新闻的问题，我是深知其含义的。因此，现在我希望你们诸位也要把自己向谁播出新闻的问题放在心里。”

顷刻间，室内一片沉寂。今天，太田先生的表情第一次变了，脸上流露出羞涩的笑容，说道：

“在我任《新闻的森林》总编的时候，常向大家说的一句话就是，要时刻抱着‘我要给昔日的情人发出一条新闻’的念头。”

有才干的人失去了方才的灵气，说着，自己便显得羞涩难当。

“也就是说，要怀有希望请情人看的想法撰写新闻文稿。如果是这样的话，你就会变得亲切，变得客气，而且，即使是艰苦的工作，也会愿意为之奋斗。最后讲了些不能登大雅之堂的故事，今天，到此为止，我想将接力棒转给《新闻的森林》的总编西崎先生啦。”

最后，他让我们看到了太田晴弥的真面目，同时，他使我认真思索，自己究竟在向谁传播新闻呢，究竟希望谁看新闻文稿呢？

来自异界的通讯

《五体不满足》的作者，这是杂志、报纸在刊登有关我的报道时，加给我的头衔。我不喜欢这个头衔。确实，《五体不满足》成为一本众人阅读的书，我是此书作者也千真万确，不过，使我深感不安的是，事情并未到此为止。

“如此说来，过去，有一本名为《五体不满足》的书，写的是……乙、乙什么来着，是乙惚先生吗？”

的确，大家都在关心“他近况如何”。为了避免他人的不解，我必须求助于向新领域的挑战，我心中焦虑不安。

为了实现自己的愿望，《新闻的森林》第二主持人的职务对于我来说，是最为便利的。因此，在接受媒体采访时，我几乎是无一例外地提出要求：“当进行人物介绍时，请将《新闻的森林》第二主持人的职务添上去。”当然，我这样做完全是出于一种单纯的目的，那就是希望让更多的人看到我正尽心尽力地从事新闻报道工作。我的努力是否会得到回报呢？我不仅仅是《五体不满足》的作者或身有残疾，我正在为《新闻的森林》而奋斗。

作为著名主持人，乌越俊太郎和安藤优子女士闻名遐迩。这时候，我有幸能与他们交谈。他们不愧为著名的主持人，提问十分巧妙，速度、观点、与对手保持的距离，无论哪一方面都是值得学习的。人怕出名，出名之后净引来麻烦事，但是，可以会见这些优秀的人物也许是我惟一的特权。随后，出现如下的报道。

樱田淳先生，在《诸君》杂志（1999 年 6 月号，文艺春秋社出版）上发表了题为《关于〈五体不满足〉的奇妙逻辑》一文。他是众议院议员爱知和男的专职政策秘书，他为什么要写关于我的文章呢？他作为身患脑性小儿麻痹的残疾人，对我的书有一些想法。

樱田先生阐述如下：“身为残疾人只要凭借‘残疾人’的地位，任何人都可能写成一本书。这种残疾人的著作，每年大概会出版多部。本次的《五体不满足》同样只能是这种‘来自异界的通讯’，从此意义上说，它并无任何创新。再者，关于此书火爆热销的原因，据我分析，以往的‘来自异界的通讯’中必不可少的暗淡、阴郁和痛苦情感，在这本书中却丝毫未见，而是以开朗、乐观和愉快的情绪展现于读者面前，这就是《五体不满足》热销的原因。”

我认为这是十分出色的分析。的确，我的目标是毫无疑问的，就是要写成“来自异界的通讯”，而且，希望将原有的倒向“消极”一边的残疾人形象颠倒过来，出于上述目的我出版了《五体不满足》一书。进而，他继续写道：

“《五体不满足》一书，作为‘来自异界的通讯’获得超乎寻常的成功，对于其成功的原因我表示担忧。此书仅特别突出了残疾人开朗、乐观和愉快的一面，是否会掩盖起残疾人不得不面对的暗淡、阴郁和痛苦的一面呢？《五体不满足》仅是乙武洋匡这个年轻人的个人纪实，决不能由此而派生出‘残疾人就是这样的人’的新的固定观念。”

此观点与我的想法完全相同。这个问题也可能是我最大的失策，即使今天，依然是我最为担忧之处。当我了解到除了我以外，还有人对《五体不满足》热销的状况怀有疑问时，我感到踏实了许多。我们的同感仅此而已。

关于我担任《新闻的森林》第二主持人的问题，樱田先生也抱有疑问。他认为“有残疾的人不该仅从残疾人的立场出发探讨问题”，对于他来说，这也许是理所当然的。他之所以这样说，是因为我在节目中涉及到“消除障碍”的主题。如果按他的说法，我身为残疾人传播关于“消除障碍”的信息，就是“残疾人仅从残疾人的立场出发来探讨问题”，那么，我想反问樱田先生，“来自异界的通讯”究竟该由何人来完成才对呢？

我们不希望视残疾人为“异界”，但是，在健康人看来，残疾人就是处于“异界”的人们。而且，为了使两个世界能够合二为一，就需要有起过渡作用的信使。如果没有“来自异界的通讯”，无论经历多久，两者仍会处于隔绝状态。如果残疾人不能谈论障碍，那么，“障碍”该由谁来谈论才好呢？

他的批判矛头主要指向东京电视台。他认为，东京电视台如果发现我具有罕见的资质和才能，不应该立刻把我招做第二主持人，而应当先将我招为普通职员，按照一个报道记者所应具有的素养，对我进行全面的培养，经十几年积累经验之后再让我上电视。东京电视台如果没有这样的决心，他们的做法就是趁机利用《五体不满足》的轰动效应，这只能是浪费我的青春。

他难道不看电视吗？将正在风头上的人搬上荧屏，传播信息，当然是电视台的职责。电视台并不是实施慈善事业的机构，像东京电视台这样众人向往的企业，为什么必须为一个年轻人的未来担保呢？不管怎么说，我自己并没有下决心以宣传报道为业，我不过被人赐予一个观察电视报道媒体的机会，这是侥幸得到的机会，一般情况下，电视报道领域是根本窥视不到的。仅此而已。而且，我若立志新闻报道事业的话，到时候可以再次争取就职，或者，今后我只要继续努力保持“自己的风头”就可以了。

接着，他又谈到我的未来。他说，我作为就读于名牌大学的残疾学生，将来应该处于“政治家”、“实业家”、“经济学家”的立场去谈古论今。他为什么如此看重我是早稻田大学政经系的学生呢？他在文章中评价说，我是可以打破“有残疾的人只会站在残疾人的立场上谈论事物”这一固定观念的“可贵人才”。但是，我不认为这是对我的性格和素质的评价。他可能坚持认为，如果是“早稻田大学政经系”的乙武君，就可以打破上述的固定观念。

请原谅，凭头衔和学历来判断人是我最不擅长的事情。我身上拥有多种因素，同时，也不打算仅看重学问。不管怎么说，我是讨厌学习的。因此，正如樱田先生所指责的一样，我也不打算抓住残疾人这种因素不放。

我自己也不知道今后该干什么。我认为，自己会为感兴趣的事而奋斗，但是，究竟是做什么，我将进行多种尝试。不过，只有一点是可以肯定的，即我在《五体不满足》和《新闻的森林》中起到的“来自异界的通讯”的作用是没有错的。而且，它们已为拉近残疾人和健康人世界的距离作出了不小的贡献，对此我深信不疑。

可以断定的错误

今天，我在东京电视台一露面，樱田先生对我的评论便成为大家议论的中心。反映最大的是松原先生。他刚一见到我，便马上凑上来说：

“看过那篇文章了吗？”

“看过了。”

“什么感想，乙武君？”

“我给东京电视台添麻烦啦！太抱歉了。”

“不，不，不必顾及那样的事。我是这样认为的，无论哪个世界的人都有优秀的，其中有的人及早地得到了使其才能开花结果的机会，而有的人则未能得到如此机会。”

“是的。”

“就说足球界的中田英寿吧，他就是最好的例子。就其本身的能力而言，任何人都承认，如果他仅征战在日本这个狭小的范围内，就得不到世界的注目。然而，他在奥林匹克运动会和世界杯的舞台上展示了自己的能力，所以，才得到了去 AC 米兰这个世界顶级俱乐部踢球的机会。我认为乙武君也是同样。”

哎……若将我与世界精英相提并论，会受到球迷指责的。

“有的人的确具有像乙武这样的能力。我所谓的能力，暂且指传达事物的能力而言。你乙武凭一本《五体不满足》就能够让众人承认你的个性和能力，而且，终于得到了发挥能力的场所。况且，你这家伙碰巧没有手足。”

“您过奖了，我哪有什么能力……”

松原先生仿佛要阻止我讲话似的接着说：

“我的确这样认为。樱田先生写道，乙武因为是残疾人才得到起用。但是，具有生理残疾的人决不是乙武一个人，当然有很多很多。其中，既有像乙武一样，由我方主动提出聘请的人，也有并非如此顺利的。我觉得即使健康的人也同样，有适于做新闻主持人的，也有不适于做新闻主持人的。”

我觉得，他的确过奖了。但是，如樱田先生所言，作为一个报道记者的基本素质已经得到彻底磨炼，并积累十几年的经验之后才担任第一主持人职务的松原先生能够承认我，归根结底，我心里是感到满足的。

“我认为呀，对于樱田先生写的内容，关于东京电视台是出于某种目的起用乙武君之类的事情，无论是在《诸君》杂志上，还是在其他杂志上，作为一篇文章，当然都是可以发表的。”

“嗯……”

“乙武君表示反对吗?”

“暂且谈不到反对，但是，我对它不太感兴趣。我觉得，我不会与他争论不休的。”

“为什么?”

“我不曾直接与他谈话，但是，只要读了那篇文章就会感到，他在凭借出众的智慧和不屈不挠的毅力，与残疾进行斗争。但是，我不同，我一直不以残疾人为苦恼，我是很乐观的。因此，他绝对不可能理解我的感觉和思想观点。”

“原来如此啊……”

我略感孤寂。但是，松原先生为我的事如此尽心尽力的态度使我感到欣慰。

与樱田先生指责的一样，我觉得，宣传媒体的确是一个“消耗”才干的场所。但是，由于运作方式的不同，它却成为使我得到“成长”的地方。而且，促使我成长的重要因素之一就是诸位“演职员”，这是我得天独厚的条件。其余的全凭我自己。

第八章　回忆往事

母　爱

在《江米团三兄弟》最为流行的这一年，我们决定采访“带广三兄妹”。这次采访的主题是合并教育，这是我最希望采访的主题之一。家住北海道带广市的松下薰君、梨穗小姑娘和杏子小姑娘是三胞胎兄妹。从今年起，三人都将成为小学生。但是，微妙之处在于三人是否进同一所学校。原因是，三人之中的长女梨穗因患小儿脑性麻痹，行走不便。

他们去同一家幼儿园时，三个人经常在一起玩，有时候也吵架。将要进入小学时，他们的父母恭树先生和雅子女士再次面临选择。让梨穗去面向残疾儿的特殊学校呢，还是三人一起去当地的普通学校呢？母亲说道：

“的确，如果仅为梨穗考虑，在治疗培养中心边接受身体训练边以适于梨穗的学习方式进行学习，是最佳方案。但是，由于他们是兄妹，彼此之间显然是可以互相帮助的。如果希望他们能够互相帮助，还是三兄妹在一起更好。”

母亲作出如此决定，是受到长子阿薰下面一段话的影响。

“妈妈总不在薰身边。人家都说，妈妈只是阿梨的妈妈。”

阿薰对于母亲总是和梨穗在一起表现出嫉妒心理。无论能走路也罢，不能走路也罢，孩子希望占有母亲的心情是同样的。对于阿薰来说，母亲成为专心照顾梨穗一个人的母亲，他当然会感到不开心的。

之后，经与教育委员会的人员进行协商，结果，1999年4月，三个人一起进入带广市立绿丘小学。母亲说，当我们决定之后，事情进展情况比想像的要顺利，残疾儿希望进地区普通学校时，能够如此轻而易举地被同意接纳，几乎从来没有过。

我们来到吃过晚饭的松下家，终于见到了这三兄妹。

“太好啰！嘻，嘻，嘻……”

这冷不防的怪声怪调，是表示对我们的欢迎。次女杏子打开玻璃窗，说了声“晚上好！”在周围冬冬地跳来跳去的是阿薰。梨穗说着“来啦，来啦”，来到大门口。刚一见面，她劈头便问：“你能走路吗?”噢，噢，你也不能走路吧？我抑制住也想如此反问的迫不急待的心理，回答说：“能走啊，稍微能走一点儿。”我们已被让到客厅里，三个孩子仍然抑制不住兴奋的心情。这里简直像动物园，充满了奇声怪调。等孩子们都安静下来，达到可以采访的状况，大约用去了

20分钟。

在房间的天花板上，装饰着把纸剪得很细的“链状拉花”，一般家庭即使圣诞节也不挂这种拉花。将纸剪成环状，再粘接起来的工作，对于梨穗来说是一种很好的训练。她的纸链做得很精巧。

“梨穗，你做得真棒啊！”

她听了之后显出很得意的样子。

“哥哥如果有不会的地方，我还帮他呢！”

梨穗的话引得所有在场的人发笑。但是，我却感到有些莫名其妙，无论是折纸手工，还是开头问我“你能走路吗”，都使我感到这孩子并没意识到自己有残疾。而且，这种情况与我上小学时的状况极为相似。在我小学一二年级的时候，也模模糊糊地有类似的记忆，那好像是去郊游时，有这样一段小插曲。

老师让朋友为我推着轮椅，此时，我与一个乘轮椅的青年擦肩而过，好像是母亲推着他，此人二十多岁。这时，我问老师：“他为什么乘坐那样的车呢？”我觉得老师当时同样想问我：“那么，你坐的是什么呢？”看到梨穗的反映，无论怎么说，她都是我当时的翻版。

梨穗渐渐开始对我产生兴趣，提出种种问题。

“喂，喂，去学校时你坐轮椅吗？”

“是的，坐轮椅去。”

“跟我的比，你的才是真正的轮椅。我在书上看到过。”

“啊！是吗？那么梨穗的轮椅是假的吗……”

“是的……是小孩用的。”

看到梨穗那充满稚气的笑脸，我也自然而然地笑了。她的确非常可爱。很快到了三个孩子该睡觉的时候，今天的采访到此为止，并约定明天早晨相见。

“明天与大哥哥一起去上学吧？”

“在学校大门口有个斜坡路，从那儿就可以上去，不要紧的。”

“那么，大哥哥也不要紧吗？大哥哥也坐轮椅，我们都能过去吗？”

梨穗小姑娘的表情显得有些忧郁。怎么，她究竟担心什么呢？

“嗯，你好像能过去……好像能过去，但是，大哥哥没有手和脚啊。那么，你可以穿拖鞋吗？”

是的……穿在哪儿好呢？总不能戴在头上吧……

梨穗小姑娘要上楼，到位于二楼的卧室去。她不能像常人一样冬冬地走上去，但她也不是爬行，而是用手抓着楼梯扶手，慢慢地凭自己的双脚向上攀登。没有人去帮助她。听说，最初她需用 30 分钟才能上到二楼。

“阿梨，这是特殊训练呀！”

梨穗小姑娘边自言自语边登向二楼。妈妈在后面喊道：

“喂，不要顾及后面，一直往前走！”

梨穗小姑娘慢慢地、慢慢地登了上去，就在还剩最后一级台阶的时候，“咕冬——咕冬——”

她身体失去平衡，虽然脚已经踩到最后一级台阶，头却向后倒了下去，这样她头朝下滚落下来。

“啊！”

几个人同时发出尖叫声。樋口摄影师放下肩上的摄影机，迅速跑上去。但为时已晚，梨穗小姑娘四处乱撞地滚落到最下面的一层台阶。母亲将大哭的梨穗抱在怀里。这时，我们目睹了令人难以置信的情景。

“你怎么啦，常对你说过呀！上楼梯的时候，一定要注意！这次是梨穗不好。”

妈妈批评了刚从楼梯上滚落下来的梨穗，她对我们呆然若失地站在一旁的工作人员说：

“对这类事，不必大惊小怪的！”

妈妈依然抱着梨穗，任凭她哭了一会儿。大约过了一分钟，妈妈又说：

“你再试一下吧，要站稳。”

说着，妈妈让梨穗离开自己的怀抱，抓着楼梯扶手站了起来。

“好啦！再来一次。”

我有些怀疑自己的耳朵，妈妈在说什么？面对刚刚头朝下从楼梯上滚下来，依然大声哭泣的年仅六岁的女儿，她竟然指示女儿再试一次，要求她凭自己的力量登上去。我觉得这样做太过分了。她没有理睬我们。梨穗小姑娘莫名其妙地停止哭泣，再一次凭自己的力量攀登楼梯。妈妈在旁边说道：

“你自己去睡觉吧！别人不会帮你的。”

这是别人做不到的，只有母亲能做到，如果没有母爱，也是做不到的。

向十六年前表示“谢意”

小学生早晨起得很早。为了采访他们上学的情景，刚过6点，我们摄制组人员就爬起来。这次和我同住的是南部先生。他迅速地让我洗了个淋浴，去过卫生间，帮我穿衣打扮。马上就要出发的时候，南部先生慌慌张张地说：

“乙武君，怎么办……”

“怎么啦？南部先生。”

“我不会给你整理头发，因为我自己也不太使用各类美发用品。”

“啊……”

两个人你看看我，我看看你。然后，找来与我们相隔两个房间的笠尾君，他心领神会，手法麻利地为我整理好头发。南部先生在远处仔细看着，同时自言自语地说：“果然不错。”转眼之间，乙武已经梳妆完毕。

“噢，笠尾君头一次派上用场了！”

南部先生，你说得太过分了。

早晨7点多钟，我们来到松下家。孩子们早已准备停当。而且，他们今天是5点30分起的床，到附近的公园去散过步，还看到了小松鼠，引起了一场喧闹。归根结底，是小学生的早晨来得更早。

梨穗小姑娘目不转睛地盯着我坐的轮椅，指着踏板部分问我说：

“脚可以放在这儿吗？”

“是的。但是，大哥哥没有脚，所以，不放在那儿也可以。”

“是的。但是，阿梨有脚，所以……”

“因为阿梨有脚，所以应当有放脚的地方。”

梨穗小姑娘不可思议地说：

“同样是轮椅，可有点儿不一样呀！”

“是有些不同的，阿梨想坐我的轮椅试试吗？”

“我还没长大，就算了吧！”

“是这样啊……那么长大以后，你再坐上试试吧！”

她看到我的样子，也许渐渐地意识到她和我一样是残疾人。

8点过后，我们和三个孩子一起出发了。阿薰推着梨穗妹妹的轮椅，杏子小姑娘迈着小步紧紧地跟在一旁。

“大哥哥的轮椅真快呀！”

我坐的是电动轮椅，时速可达六公里，比孩子们走路快得多。正值淘气年龄的阿薰，突然燃起一股强烈的竞争意识，他不肯向我的速度示弱，终于快步跑了起来。

“开跑喽！哈，哈……”

梨穗小姑娘为轮椅的速度感到高兴，天真无邪地欢呼着。上学的情景活泼热闹，三个孩子的确都兴高采烈的。但是，这样的快乐能持续多久呢？阿薰如果长大了，当然会为与妹妹们同来同往地上学感到害羞。即使是杏子一旦有了自己的朋友，也希望与自己的朋友一起上下学！那时候，梨穗将怎么办呢……

我突然想起，我在孩童时期也是这样。我高高兴兴地度过每一天。没有丝毫的不安和迷惘，每天都快快乐乐。但是，身边的大人们却全然不同。他们担心着如果到了高年级，如果上了中学，如果成了高中生该怎么办……我不只一次地听过“太困难了”、“不可能啊”之类的话。在孩子们的心灵中，对此很厌烦，其实，车到山前必有路嘛。对于这样的事实我当然非常清楚，然而……大人们是任性的。

这一天，整个上午都没上课。三天之后，要举行运动会，所以，预定举行全体练习。我们在校园的角落里等待观看孩子们，于是，幼小而可爱的一年级的学生们出来了。他们从教室中搬出自己的椅子，看上去简直像是椅子背着人。梨穗小姑娘混杂在其中，同学推着她的轮椅也来到学校的院子里。由于班级之间以颜色加以区分，梨穗戴着一顶黄色的小帽子。

孩子们将椅子放在指定的地方后，开始走步练习，梨穗小姑娘被同学推着微笑地搀杂在行进的队伍之中。校长的讲话一结束，立刻开始做广播体操，她坐在轮椅上，以上半身为中心模仿着大家的动作。

我抽搭着鼻涕，但我并没有感冒，为什么流出了鼻涕呢？啊，我的脸上出现了温热的泪水，怎么会哭起来呢？不行，不能这样。这样做对不起梨穗。她像普通学生一样享受着学校生活，为什么面对此情此景流泪呢？即使自己在孩童时期，不是也不愿意看到身边的大人们为自己流泪吗？但是，现在我控制不住自己的感情。

仅有一点，我是可以肯定的，我的眼泪与大人们看到儿童时代的我而流下的眼泪，是截然不同的。他们觉得我拖着那样的身体仍然在努力，恐怕多半是出于“感动”或“同情”而落泪的。但是，我的泪水是不同的。如果明说的话，那是“感激”的泪水。

我使自己16年前的样子完全与被同学推着轮椅、微笑着参加队列练习的梨穗小姑娘重合在一起。当时，大概自己也是这样的吧！那时候，我是个什么都没意识到的七岁儿童，并没有感到坐在轮椅上的自己有什么与众不同，而且，认为坐轮椅是理所当然的。但是，这完全错了。在距今16年以前，坐轮椅的孩子能进普通学校是极为罕见的，即使是参加诸如运动会一类的校内活动也没有那么简单。使我能够受到与普通孩子同等教育的是我的老师们、同班同学们和父母。当时，我并不以为然，今天，通过梨穗小姑娘的事，才使我真正懂得自己是在十分优越的环境中长大的。我能有今天，完全是因为在那样好的环境中的厚积。这样一想，便激发起我对小学时代围在我身边的人们的怀念，按捺不住涌上心头的怀念之情变成眼泪，湿润了我的面颊。

“道新”和“胜每”

尽管是北海道，时节刚至6月，阳光已然强烈灼人，就是呆着不动汗水也会渗出来。但是，一看到眼前的孩子们的样子，甚至觉得暑热也很舒服。不过，这种愉快的心境，一下子被相机的“咔嚓”声打破了。

报社记者们也是来采访的。北海道新闻简称“道新”，十胜每日新闻简称“胜每”，在带广地区，他们称得上是最大的两家报纸。他们大概也想来采访梨穗小姑娘的事情。但是，情况有些异样，我觉得他们的摄像机镜头并不是对着梨穗，而是在朝着我们，稍微冷静下来考虑就可以明白是怎么回事。即便是来采访梨穗的，今天并不是举行运动会的日子，在集体进行练习的日子来采访，极其不合情理。

松田先生走到我身边。

"报社的记者们提出，希望能允许他们简单采访一下乙武君，可是……"

"我即使拒绝此事，也没什么关系吗？"

"拒绝也不要紧，你想拒绝吗？"

"他们的采访宗旨是什么？"

"啊！他们说要写一篇报道，内容为'因为电视台的采访任务，《五体不满足》的作者乙武先生来到了带广'。"

"那么，替我回绝吧……"

对此，希望能予以谅解。这次，我是作为一名采访人员来的，我的身份不是《五体不满足》的作者——乙武洋匡，而是作为东京电视台《新闻的森林》的采访记者来到此地的。这次的主角是三个儿童，是松下家，是绿丘小学，而不是我。这里与《五体不满足》没有任何关系。因此，在这样的宗旨下，我希望避免他人采访。

但是，有报道的自由。因为电视台的采访工作，乙武来到带广，这的确是事实。将这种客观事实写成报道，对于我来说，同样感到令人生厌，不过，基本上是无关大局的。但是，我本人不能接受采访，而且，不能允许他们拍照。我请松田先生向对方转达我的意思。

“胜每”的女记者虽然迟迟不肯离去，与松田先生进行了长时间的交涉，但是，她理解了我的心情。我虽然在采访，却侧眼看到另一种情况：有一个人正用相机对着我，他是“道新”的一位男记者。面对我身边负责监视的橄榄球运动员，他虽然已羞愧得无地自容，但是，那端着相机的形象依然执拗地挤入到我们采访的视野中来。我中断了采访。

人们一般认为，“和善而笑容不断”的形象也许会得到他人的理解，但是，实际上却容易遭到拒绝。像现在这样，对于做出不尽人意事情的人来说，只要理解了如实转达的“乙武的态度”就可以了，然而，你如果不正面提出意见，他就心里不舒服。我将轮椅的操纵杆径直地拉向这位记者。

他逃走了。作为一位记者，难道没有一点儿道德观念吗？你们要求采访，而我对此已明确表示拒绝，尤其是拒绝拍照。但是，他执拗地追着我不放。因为我要当面提出抗议，他才逃之夭夭。

采访能力、经验和访谈技巧等，也许无论提出哪一条，我都不如他。但是，作为一个采访记者，我不愿承认他是高明的。作为社会一员，一个缺乏起码礼节的人，难道果真具有当记者的资格吗？

大家都说，足球运动员中田英寿讨厌媒体，报道中也写到，他对媒体的态度很坏。我认为完全搞错了。不是他对媒体的态度很坏，而是媒体对他的态度不好。正因为如此，他不是才变得缄口无言了吗？连本人都不知道的事情，却被随心所欲地写出来，而且，还四处搜寻没有必要公开的个人隐私。面对这样的谈话对象，如果被问及：你能不能心情愉快地谈谈呢？不仅是中田英寿选手，即使是我，也会回答“不”的。

但是，因为这件事，使我再次意识到：最初对中学生的校园暴力问题进行采访时，我就发誓，要灵活运用以往的经验，成为一个既理解被采访者心情又会提出问题的采访人。时过数月之后，这种志向已渐渐开始淡薄。今天，是他使我重新回想起自己的誓言，我也许应当对他表示感谢。

真正的信息

6月9日，在播放《带广三兄妹》的时候，发生了意外事件。根据我发出的指令，开始播放录像。以三兄妹关系融洽地一起去上学的情景为开端，特意报导了梨穗在学校里与伙伴们自然地融合在一起的样子，以及为了使乘轮椅的人也能方便，而对饮水处和厕所进行改造的情况。接着是老师的评论：“孩子们都很顺利地接受了她。”随后，画面转向运动会。同学们入场、做广播体操、运动员入场和体育比赛的画面依次播放着，终于到了学生赛跑的部分。

实际上，这是60米赛跑，对梨穗小姑娘来说这是最为困难的。梨穗如果没有任何支撑，一个人走路都是十分艰难的。平时，她需要别人帮着推轮椅，或者使用步行器和拐杖才能行走。老师们经多次商量决定，让梨穗参加赛跑，并准许她使用步行器，同时比其他同学缩短赛跑距离。而且，为了这一天，梨穗曾拼命地进行训练。

梨穗跑的距离是大家的三分之一，也就是说，她和步行器都在距起跑点40米处。信号枪一响，大家就开始跑起来，从远远的后方跑上来的孩子们根本没把梨穗放在眼里。梨穗一边冬冬地向前挪动步行器一边前进。面对这个镜头，将母亲的期望以旁白的形式播放出来：

“我曾考虑过，今后，再过两三年她该怎么办呢？我们仅仅给她铺了一条路，在这条路上，梨穗将以何种方式走下去，那是梨穗自己的事了。”

随后，梨穗小姑娘到达了终点，录像就此放完了，电视画面又回到播音室，第一主持人松原先生说道：

“那个……简直太好了。我们也一起参加了运动会。”

松原先生的样子有些莫名其妙。我觉得他的声音哽咽，仅说这两句话他也付出了巨大的努力。有点儿危险……我必须说得更详细些。

“是的，当学校方面决定接纳她入学时，有很多人出来阻止说：‘对她怎么办才好呢？我们心中实在没数！’但是接纳她入学之后，好像都感到‘事情进行得格外顺利’。”

看不出松原先生有振作精神的可能。岂止如此，他甚至在对我说的话表示同意时，声音中都带着颤抖。今天，我必须接着说下去。

“后来，老师说：‘其他的孩子们反而让人觉得更头痛！’这句话给我留下了深刻的印象。”

加油，愉快地行动起来，自然些，再自然些，尽可能地笑一笑，该轮到松田先生您了。

“那个……我也有同感。周围的孩子们，已经……积极地伸出援助之手……”

不行，松原先生终于说不下去了。我甚至可以感到，如果再让他继续往下说，他也许会大哭起来。他用了“可是”这种无明确意义的“接续词”，好像督促我赶紧收场吧！我极力进行着总结。

播音结束之后，松原先生与我相互一看，立刻难为情地笑了。

“今天，不好意思了。”

“没什么，没什么。但是，今天，吓了我一跳。”

“怎么，会这样……今天我真的忍不住了!”

“忍不住?”

我们都笑了。

“不过，在正式播出之前，我已经看过一遍录像。”

“尽管如此，还是忍不住哭了吗?”

“实际上，在第一次看时，我曾经放声大哭过。”

“哎……那么，松原先生两次看这个片子都哭了吗?”

“是那样的，我原以为第二次看就没事了，但是，当看到梨穗小姑娘拼命向前跑的姿势，听到她妈妈说的话时，悲痛一下子又涌上心头……”

“原来是这样啊!”

“乙武，说老实话，在那盘录像中，你也哭过吧!”

“哎?您看到了吗?真有些莫名其妙，我好像没意识到。”

“那是你的侧脸，我总觉得你在流泪，一看你那张脸便不由得想到，乙武也是这样吧。你可能在内心深处隐藏着苦恼，因此便流出眼泪。当开始意识到的时候，就怎么也止不住了。”

实地采访时我曾落泪，流泪的理由如前所述，但是，不必向松原先生明言。当时，只要是感动我的东西，均已包含于作品之中，看到作品的人究竟作何理解，那是他个人的自由。

“但是，最后我请乙武为我作了归纳总结，真不知道谁是第一主持人了。”

“不必客气啦！如果两个人都神情激动，我想观众会感到莫名其妙的，所以，我在旁边努力加以掩饰。”

“啊！你太出色了！”

这时候，演职员办公室的电话铃响了起来。是宫泽先生来的，他劈头说：

“喂！你是使松原先生痛哭的男人吧！”

“怎么？你看到了吗？”

“是的，我因采访正在外出，我看了秋叶原电器商店的电视。看到这个节目，几乎忘记了自己是站在路边上，就连我也不知不觉地流出了眼泪……难怪松田先生激动！”

听了他的话，我大吃一惊。确实，能使两位专业工作者激动得流泪，这一定是一部优秀作品。但是，我们不是为了让人流泪才前往带广的，而且，并不想创作一部有人情味的电视剧。“你看，即使有残疾的孩子，也可以接受普通教育吧！只要想办法，甚至能够参加运动会之类的学校活动！”这才是我们要传播的重要信息。在泪水之中，它能传达到何种地步呢？

第九章　青春少女与猴子

夜晚大满足

在演职员办公室的墙上贴着一张大纸，上面写着“《新闻的森林》月奖”。这是全体演职员参加的评选本月最佳专题报道的活动。票数最集中的作品便可荣获“月奖”。“《古都·京都消除障碍现状如何》　宫泽佑介”被评为1999年5月的月奖。在那部作品中，我们携手合作，宣传了寺庙努力消除障碍和以保护重要历史文物为借口对其加以阻挠的现状，它被选中。

出版的图书受到好评，当然是可喜的。尽管“月奖”仅仅是电视台内部的奖项，我同样感到兴奋不已。究竟是为什么呢？我确实感到与出版一本书相比，做一个节目需要更多的人参与，这大概就是我感到兴奋不已的原因。编辑、摄影、录音、照明，还有我，仅采访现场就需要这么多人，进而还要对拍下来的录像进行编辑，配字幕，插入解说词。我最喜欢大学文化节的集体活动，对于我来说，由一个“团体”共同制成的作品受到好评，无论如何是更值得高兴的事。

对于受到他人的夸奖，我从不讨厌。比我更有过之而无不及的是宫泽，不，应该说他酷爱受表扬。不言而喻，我们两人干劲倍增。以再度荣膺“月奖”为目标，宫泽与我搭档找到了新主题，即当时偶然遇到的一本书——《十七岁》(白杨社出版)。

此书由井上路望小姐（当时，她是高中三年级学生）撰写。以前仅在书店里看到过这本书，不甚了解。通过观看某电视台的深夜节目，了解了此书的内容。当她还是孩子的时候，曾受过他人欺负，当时，她发出求救信号，大人们却袖手旁观；今天，社会上的人们又固执地认为“女高中生 = 青春少女 = 将面孔化妆成黑色的人，生活行为散漫、进行财色交易的人”。她作为在校女高中生，以自己坦率的观点，针对以上两种现象直截了当地阐明了自己的立场。我不仅对这本书感兴趣，更感兴趣的是融会于书中的信息，以及发出这种信息的她。

虽然话有些重复，但是，我出版《五体不满足》的目的，就是想打破已存在于媒体之中的“残疾人 = 不幸的人”的固定模式。即使概括起来都是“残疾人”，其残疾状况和个人性格等也是各种各样的，决不可一概而论。我想，她说的也是同样一个道理。确实，有的女学生以性关系谋求钱财，但是，并非所有的女孩子都那样做。而且，女高中生并没有都想去出卖肉体。不能不分青红皂白一概加以指责。

进而，我对她通过全书发出的信息产生了共鸣。她好像是一个愿意坦率地表露个人感情和思想的人。但是，在日本这种类型的人是非常痛苦的，在希望人们随波逐流的日本教育之中，她会感到更为压抑。“普通意味着什么?”“自我表现为什么不可以?”她希望将自己的此类呼声传播给更多的人。我就是这样看待此书的。

在对她进行采访之前，我心中产生了几个疑问：“是否真的有一部分女高中生在进行财色交易呢?”“她们是以何种心态去进行财色交易的呢?”为了对这些问题直接加以确认，我们驱车前往涩谷中心街。路望小姐好像会指责我们，“去女高中生中心街”的想法非常肤浅，但是，对于手中无任何线索的我们来说，只能首先从走访做起。

晚上 10 点过后，在这个中心街上很难找到黑头发。身着普通服装的我就不用说了，身着西服套装的宫泽先生和笠尾君也格外显眼。这三个年龄相近的人关系越来越深，即使脱离工作，也会一起玩儿的。“喜欢女人，喜欢玩儿，但是也努力工作”，在这方面我们三个人有共同点。可谓是最佳“团体”。

这次是为进行正式采访做前期准备，所以不需要摄影师。仅我们三个人进行采访。我们询问了几乎被称之为“山中女妖”也不足为怪的、极不寻常的、很酷的女孩子。据她们说，这个时间段在中心街上闲逛的女孩子中在校女高中生很少，大部分是刚刚毕业的，并提醒我们说，如果想问在校女高中生的话，最好是傍晚时候来。

今天就死心了。正要扫兴而归的时候，在已经放下卷帘门窗的银行前面，发现一个好像正在等人的女孩子。与其称之为女孩子，不如说是个“女人”更贴切。

“真是个漂亮女人。”

“她好像很不错。”

我与笠尾交换一下眼色，正要上去打招呼的时候，一位老者走到她身边，他们成为我们的猎物。老者上去调情，她并不拒绝，好像在等这个男人，于是两个人肩并肩地走了。这位老者并没有出众的外表，无论怎么说，他只能算是使公司女职员厌恶的有些发胖的老头儿。哎？她莫非是以色谋财的女学生？

我们将情况报告了在其他地方打听消息的宫泽先生，他说，这正是我们的目标，跟上去试试看。我们尾随其后。于是，他们径直朝爱情旅馆林立的方向走去。我总觉得我们的做法不妥，可依然要跟下去。但是，拐过一个弯之后，两个人无影无踪，就这样眼睁睁地没了踪迹。

束手无策，三个人只好无精打采地返回。宫泽先生说道：

“这是贸然蛮干，会使人怀疑的！”

“为什么呢？”

“因为，在爱情旅馆街上都是成双成对地走路，我们是三个男子汉。而且，一个满面胡须，一个身材高大出奇，甚至还有坐轮椅的。无论怎么看，也是形迹可疑呀！”

的确，如果在这样的地方被朋友看到了，可真让人难堪……

“喂，乙武，干什么呢？在这种地方。”

“噢，噢，好久不见了。”

是高考补校时的朋友们。怎么单单这个时候碰上了。哎哟，对方是两男一女，也是令人迷惑不解的人员组合。所以，彼此都没过分地追问，不过无论怎样考虑，我们这三个人也让人感到莫名其妙。

第二周，根据“山中女妖”们的建议，下午3点一过，我们就动身来到中心街。的确有女学生，街上净是身着学生服的女孩子们。我和笠尾有点儿被吸引住了。但是，还有一个干劲十足的宫泽佑介，他28岁（当时），独身。

“喂，喂，有件小事能不能告诉我？”

宫泽高中毕业，当然已将近10年，但是，他那富于风趣的谈话方式是我们望尘莫及的。最初女孩子们显示出怀疑的神情，渐渐地打消了疑虑。

“唉？进行财色交易？谁也不干那种事啊！现在这时代……”

“偶尔，班上也有进行财色交易的女孩子，可是，公开说出来太难为情。”

觉得以色谋财难为情吗？大家公认，造就时髦潮流的是女高中生们，而且她们自身的行动也受到这种潮流的左右。在这种时髦潮流中，难道也会包含着为了金钱而出卖自己肉体的行为吗？对于正在渐渐形成“觉得进行财色交易难为情”的现实潮流，我也许暂且应该感到放心，但是，对于她们甚至认为以色谋财如同时装一样的情绪，我不能不感到恐怖。

“喂，喂，我们几个人呀！或许会被人看成专搞女人的流氓啦！”

“啊，那很有可能，我们又没带摄影人员。”

三个男人聚集在东急涩谷商店前面，面对进进出出的身穿制服的女高中生们，一一与她们打招呼。啊……无论怎么看也是专搞女人的流氓。

“而且，我们总问‘是否知道有进行财色交易的女高中生’，不就是想寻找这样的女学生吗？这回可坏了！”

“怎么办呢？下周，在涩谷就会传开‘《五体不满足》的乙武先生好像来寻找以色谋财的女学生’的流言蜚语。”

“最终成为周刊杂志的素材。”

“标题是《五体不满足，夜间大满足》吧？”

这两天了解到的内容均与对路望小姐的采访毫无关系。因此，我们彻底舍弃这种做法，将精力集中到井上路望小姐的身上来，改用突出学校问题的手法。

有趣的是，以往在事先定好采访主题和想要传播的信息之后，就直接去采访。可是，这次采访是从摸索情况起步的，一直在考虑采访中使用什么手法，处理哪些问题，怎样更明确地传播信息。这些做法全部是正确的，但是，直到播放之前，也不明白哪个是正确的结论，甚至节目播完之后，仍找不到明确答案，这既是采访者的痛苦，也是采访者的乐趣。

告别宴

我和宫泽两人坐在前往采访现场的汽车中。

“11日，有空闲时间吗?”

“当然有。”

6月11日是笠尾君在《新闻的森林》实习的最后一天，也是我们交往两个月的最后一天。当然，以后并不是见不到面了。但是，再也不会像现在一样每天都能在一起，真有些依依不舍。在那天播音结束之后，打算举行一个小型的“笠尾君欢送会”……但真正的送别最后只有我一个人。

“既然如此，我就盼望着这天了!”

“真的，有点舍不得!”

“他会带什么样的女人来呢?”

“怎么回事?”

总觉得宫泽的话有些风马牛不相及……

“现在，咱们是在商量笠尾君欢送会的事吧?”

“对，是谈欢送会的事，怎么啦?”

“你说的女人是怎么回事?”

“不必担心，我对笠尾君说了，让他悄悄地带过来。”

“笠尾君会把女人带来吗?”

“当然啦，因为从前曾好好地关照过他的。”

不，对于宫泽先生来说，也许可以讲曾关照过笠尾，而我的情况则不同，我必须处处由别人照顾。

“这样，合适吗?对于笠尾来说，这不成了‘辛苦’会吗？”

“那么，你不来吗？”

“啊！会来的。”

我赶忙微笑着说。

让人焦急等待的11日。欢送笠尾君本应是令人依依惜别的日子，如今却使人“翘首以待”，由此可见女人的威力有多大。我与宫泽先生和笠尾君约好，7点钟在东京电视台见面。但是，傍晚，宫泽先生来电话称：

“实在抱歉，我好像得稍微晚到一些。”

“怎么啦，有工作吗？”

“京叶银行的津田沼分行，发生了一起劫持人质事件。我必须立刻乘直升机去进行现场直播。”

宫泽先生原来是播音员，曾担任过午后访谈节目的现场主持人。在编辑队伍中，他堪称是口才最佳的，发生紧急事态时，他常常作为现场直播的主要成员赶赴现场。但他本人却以为“因为我外表出众，总是忘不了我”。这显然是很大的误会，可他这股憨劲儿也招人喜欢。

“为什么正在这时候发生劫持人质事件呢。真可气！”

“不走运哪！”

“即使晚到也必须去执行任务，所以，我们先给你留着位置。”

忠实执行宫泽指示的不是我，是笠尾君。几位花容月貌的女孩子出现了，她们的美貌令人吃惊，我乙武已惭愧得无地自容。笠尾君已顾不上我，兴奋极了，多亏如此，我才算得救了。三个女人两个男人大概喝了一个小时，这时宫泽来了。

“唉呀，今天晚了，太对不起了。我是比乙武和笠尾大一岁的宫泽。”

这话正如前一天预先商定的说法一样。当时，宫泽曾吩咐我们说：“就说我比你们两个大一岁，所以，绝对不许把真相泄露出去！”我们忠实地遵从他的吩咐。但是，当宫泽说这句话的瞬间，其中一个女人扑哧一笑说：

“喂，宫泽先生，您有些言过其实了吧。”

啪的一声响，宫泽的巴掌拍在了笠尾的头上。

“真讨厌，你呀！对不起，我是比他们两个大三岁的前辈宫泽。”

他呀，到了这时候，还在打马虎眼！就这样，愉快的宴会以深夜3点的卡拉OK而告终。要说宫泽先生，的确格外精明。如果与三个男人一起喝闷酒相比，还是这样玩得痛快。但是，从明天早晨九点半开始必须去采访。

省略……

嗒，嗒……走廊里响起轻快的脚步声。年轻的女编辑青木小姐大声叫道：

“野口先生，是猴子吧？”

喂，喂，不太合适吧！即使野口先生是《新闻的森林》节目组中最老实的人，也不该称前辈为猴子啊！

“啊！好的。是那样……”

野口先生——如果按大象、松鼠还是猴子来分的话，的确，野口先生的脸型也许更像猴子。但是，被晚辈称为“猴子”，依然答应“好的，是那样……”的确不成体统。就算人老实也该有个限度啊……我独自愤愤不平，因为，我产生了极大的误解。

6月份，在麻布有猴子出没，弄得社会上沸沸扬扬。即使《新闻的森林》也连日出动摄像机，报道这只猴子的状况。其责任编辑是野口先生……

“野口先生是麻布猴子的责任编辑吧！”

将此话加以缩略，即为：

“野口先生，是猴子吧？”

所以，提问的青木小姐没什么可顾虑的，答话的野口先生也心平气和。这一切都是我的误解。将这事对宫泽一说，他也捧腹大笑着说：

“还有更新奇的呢！我呀，早就被称为‘宫泽先生是奥姆吧’！如果让外人一听，也会感到大吃一惊的。”

确实……宫泽先生与奥姆真理教的一系列事件均有着很深的关系。关于奥姆真理教问题，在编辑们当中，他甚至被称之为奥姆专家。因此，“宫泽先生是奥姆吧”这句话的寓意是十分深刻的。宫泽先生接着说：

“但是，还有更危险的编辑内容呢！过去被称为‘文蛤’① 的犯罪行为，现在叫‘强奸’。当然，在我们这里的称呼与采访主题常常有联系。在我们内部，这样称呼是可以的，但是，如果在外面这样大声呼喊的话，必定会受到警察

---

① 文蛤：江湖盗贼之间的暗语，泛指女阴。

的例行盘问。”

就在这个6月，《新闻的森林》发生了重大变化。据说，作为节目总负责人的制片人发生了变动，“佛面广成”走了，新任制片人是从秘鲁罗斯回来的太田晴弥先生。

在此之前，我经过编辑室门前时曾感到吃惊。太田先生既不是编辑，又非总编辑，为什么他独占一间办公室呢？这种情况是极其少见的。因此，我很惊讶。

“呀！乙武君！”

“您好，请多关照。上次的学习班，真是太感谢了！”

“真有那么好吗？”

“是的，的确是很好的学习机会。”

“是吗？果真如此那太好了。”

不行，不知怎的，一见到太田先生就感到紧张。今天依然如故，他身上带着“我是有才干的人”的灵气，再次令我的整个脊梁发紧。

“不一起看吗？”

“啊！那太打搅您了吧？”

“请吧，请吧！”

太田先生为了能让我的轮椅进房间，赶忙收拾多余的椅子。

“对不起啦，太感谢了。”

为了不碰到旁边的东西，我小心翼翼地前进。目光落到监视器的屏幕上，正在播放的是对秘鲁总统藤森的访谈，只有太田先生一个人在看。

“这是哪国语言？”

“西班牙语。”

画面是通过翻译进行的访谈，但是，太田先生偶尔也用西班牙语与之交流。真了不起……这个人，他会多少个国家的语言呢？看了一会儿之后，正式访谈结束，变成闲谈。藤森总统开始说日语。嗯？我简直不相信自己的耳朵，藤森总统确实在用日语搀杂着英语与太田先生交谈。

“藤森总统会讲日语吗？”

“他的日语讲得很漂亮。”

“那么，访谈时请他讲日语多方便啊！”

“不，讲日语是不妥当的。”

“为什么？”

“说到底，因为藤森总统是日本血统。作为日本血统的秘鲁总统，接受采访时若以日语进行问答，秘鲁国民看了会怎样想呢？”

“对，会觉得不舒服的。”

“是那样的。”

我的紧张情绪早已烟消云散，而且，对太田先生越来越由衷地感到敬畏。

第十章　自由研究

欧洲还是美国

我与《新闻的森林》之间未签过任何合同。对于每周星期几做节目或者每月至少做多少次节目等，均未作出特别明确的规定。我可以享受学生生活，也可以长期外出旅行，东京电视台都予以特别关照。

因此，这种现状可以维持多久是最重要的问题，对此也未特意进行商谈。总之，最初是抱着“是否做做看呢”或“就这样干吧”的想法开始做起的，所以，对这些细节问题我丝毫没有考虑过。随后，我先与南部先生商量。

“乙武君，关于秋天以后的事……”

是让我走呢，还是继续干呢？该有下文了。

“究竟想做些什么呢？”

哎呀！还没商量去留问题，怎么又紧接着讨论起工作来了呢。

“入秋以后，还让我干下去吗？”

“如果可能，我有点事想求你帮忙，当然啦，乙武君如果觉得干了半年就已经够了，那就没办法了。”

是的，我还有好多事没办呢！彼此的想法一拍即合。

“在几个月之间，我进行了多种多样的采访，但是，几乎都是以‘消除障碍’为主题。”

“是的。”

“当然，‘消除障碍’是一个非常重要的问题，而且是我报道的重点之一，只要集中解决了这个问题，我做主持人的意义就可以体现出来了。”

“这是什么意思？”

“以往人们认为‘坐轮椅的人当主持人不合情理’，我接受这项工作的原因之一，就是要彻底推翻原有的陈旧观念。我曾为实现‘乘轮椅者播放新闻，预报天气’的理想而努力奋斗，在我的生活中，这是头等重要的大事。”

“嗯，我可以理解。乙武君，你说得很对。”

“因此，我若只采访报道‘消除障碍’方面的素材，就会被人误认为，他到底是残疾人，所以只局限于有关‘障碍’的内容。”

“所言极是。”

“以往的报道全部是关于消除物理障碍的内容，但是，入秋以后，如果还让我做节目的话，就不能仅限于物理障碍的问题，要是能以心理方面的问题为报道目标，我想会更好。”

可以说，这是我矢志不渝的心愿，南部先生等演职员听取了我的意见。在入秋之前，作为对以往几个月工作的总结要拍摄一部专题片，以便将消除障碍不再作为一个孤立的问题，而将它脉络清晰地归纳为一个概念，然后，从秋天开始重新做起，这就意味着它是一个特别节目。

没有比将概念做成节目更难的了。如果是报纸之类铅字形式的信息媒体，只要以高超的文字能力，通俗易懂地加以阐述，就可以大功告成。但是，电视是影像信息媒体，必须通过影像来说明一种概念，究竟该抓住什么样的内容，采用什么样的制作方法，才能编制出让观众一目了然的节目呢？我们绞尽了脑汁。

在构思确定下来之前，大概花费了好几周的时间。南部先生提出建议说：

"欧美在消除障碍方面，也是很先进的吗？"

"欧洲我没去过，所以不明情况，但是，美国终究是比较先进的。即使只看看交通部门就可以明白。我去的只是西海岸。"

"原来如此。我也和西崎先生等人商量过，大家都觉得，通过去海外先进地区采访，可以把日本某些落后方面的东西暴露出来。"

关于海外的情况，我不是专家，所以对详细情况并不太了解。

"如果进行采访的话，欧洲和美国，你觉得哪里更好？"

是要去采访吗？他们难道正策划去海外采访吗？

"即便是去欧洲，大概也是以北欧为好。也许因为没去过，有种想去看看的欲望。但是，我觉得那里的高税额以及先进的制度等，都是难以体现在影像之中的。而且，街道的建筑都是很古老的，听说，不如想像的那么方便。”

“啊，是这样的，言之有理。”

“在消除障碍方面，美国的西海岸，在公共汽车上装有升降机，地铁站上配有电梯，这些都是一目了然的消除障碍措施。而且，这些都是根据‘ADA（美国残疾人法）’的规定配备的设施。”

“对，的确，看得见的东西好像更容易理解。并且，对于日本人来说，无论如何美国比欧洲更有一种亲近感。”

这样，大体上就算定下来了。将美国根据法律规定下来的消除障碍措施与日本进行比较，其差别就更为鲜明。在采访中，再不断探索今后的任务和解决策略。对，是一个完美无缺的计划……真的要去海外采访吗!?

爱　称

采访是需要经费的。据说，若使用一天摄影人员，就要相应付出10万日元的成本，再加上每个人去海外采访的机票、住宿费，以及必须聘请的负责当地采访协调工作的协调员的费用，从新闻节目组支出如此数额庞大的资金的情况是不多见的。而且，即使制定出如此规模宏伟的计划，《新闻的森林》还必须处理每天发生的事件、事故，那么，如此大规模的节目要想在《新闻的森林》中播放也是很困难的。

因此，给予我们支持的是周日晚6点开始播出的《专题报道》节目组，此节目长达一个小时。《专题报道》承担此次采访经费，采访的内容也在《专题报道》中播放。但是，采访内容的制作由我们《新闻的森林》的工作人员负责。此种尝试似乎前所未有。说起来，这是“消除节目之间的障碍”吧。

在东京电视台报道局，《专题报道》是明星中的明星。本组人员采制的内容被搬上荧屏的都是极为得意之作。大家对他们的期望值很高。然而，这极高的期望值对我是一种压力。

另一个难题是我不会讲英语。在《五体不满足》中，我曾写道，进大学的同时，我参加了英语会话小组活动，在会话小组的演讲比赛中，曾荣获第一名。很多人都会误认为我的英语一定讲得很流利，那就大错特错了。已经写好的文章，凭借已熟悉的读音，我能够煞有介事地朗读。但是，决不能因此断定我可以用英语会话。而且，参加小组活动仅一两个月时间。平时使用英语，需靠宫泽先生指导，再加上不懂采访技术用语，于是，我的英语也就变成了一张白纸。

再者，这次的采访时间为两周左右。以前，我曾两度出差京都和带广，但是都不过两三天的时间，这仍属可以忍受的范围。前面我已经写道，洗浴、上厕所等我都必须由他人照顾，对于我来说，承担外宿的工作是需要很大勇气的。可能多亏南部先生和宫泽先生的高尚人格，我的精神比预想的轻松得多，我才能够顺利地完成采访任务。但是，这次采访历时将近两周，洗浴、上厕所都须持续由同事照顾。我的精力能维持多久呢？

我心中充满着种种忧虑，飞机离开地面飞向旧金山。自从与高考补校时的朋友去旅行以来，这是第二次去西海岸。在旧金山机场，与本次采访的协调员二见小姐会合。她是纯粹的日本人，名字却是米歇尔二见。不管怎么说，生活在此地，有个英文名字要方便得多。因此，我们工作人员都立刻起了个英文名字。

摄影师樋口昇先生将昇字中的“伯（Bo）”音变为“豹（Bou）”音。负责音响的奥田晴彦先生将晴字中的“哈鲁（Haru）”变为“哈利（Hari）”。二见小姐成为这二位的取名人，但是，宫泽先生是自己起的名字。

“我已经决定了，把宫泽中的‘杰（Za）’变为‘杰克（Zakku）’，太美了！”

为什么这样决定呢……南部先生听了之后，取笑“杰克”说：

“宫泽没那么帅气吧。你呀，叫‘达米安（Damian）’就可以了，就是电影《前兆》中的那个心术不正的家伙。”

因为南部先生的一句话，出差期间，“达米安”便成了宫泽先生的称呼。

宫泽先生反唇相讥道：

“你够厉害的呀，那么，南部先生叫什么呢？”

“我呀，叫‘荻克’，小时候上英语补习学校时，老师给起的。”

宫泽先生和我相互看了看，暗暗窃笑。

“你们笑什么？”

宫泽先生忍不住笑得前仰后合，说道：

“南部先生，您知道‘荻克’是什么意思吗？”

“不，不知道。”

“英语是‘小狗拜拜’的意思。”

“哎？骗人吧？乙武君是真的吗？”

我忍不住地笑着点点头。

“怎么？难道补校老师讨厌我吗？”

我的绰号叫“水獭君”，英文叫法是什么呢？二见小姐给我取名为“奥特”，但是，意思为水獭的英语单词“Otter”更有意思，所以，我便取名为“奥塔”。

“小狗拜拜”和“水獭”历时两周的采访会一帆风顺吗？

沉重的铠甲

甚至在一年半以前，出于观光目的前往美国时我就深深感到，美国与日本在消除障碍方面存在着巨大差距。这次，比旅游时的体验更为深刻，我切实感到美国在消除障碍工作方面的先进。公共交通部门的方便轮椅的措施自不待言，就连棒球场看台、停车场以及无家可归者的临时住宿处都有相应措施，甚至监狱中也要“消除障碍”。其细致入微的状况使我深表钦佩。

由于街面上的消除障碍工作很到位，也就是说，使人感到没有任何不方便，残疾人的心情便得到解放。残疾人可以像普通人一样独立生活。通过对一位日本妇女的访谈，使我对此深有体会。

冢越加枝小姐比我年长一岁，她应聘于某企业主办的

“残疾人领导培养计划”组织，大约从一年前便生活在巴克莱市。位于旧金山以北的巴克莱市，是争取残疾人权利运动的中心。目前，在全美国也堪称是最适于残疾人生活的地区，街面上随处可见轮椅，的确让人感到这是既方便又舒适的城市。

我们造访了冢越加枝小姐的房间，书桌上放着一本名为《日本人有点怪》的书籍，格外引人注目。仅听她谈话就可以明白，她非常喜欢美国。难道她认为自己的祖国日本不好吗?

她打开该书《老生常谈的“努力”》一章，展示在我的面前。本章从一个轻松的笑话谈起，日本人在临别时常常说：“那么，努力吧!”然而，没有一个人去认真体味“究竟为什么而努力呢”。如果每当人们对你这样说的时候你都去努力的话，大概会把你累死的。

“的确，我也曾真的这样说过。”

冢越小姐像个调皮的孩子幽默一笑。

“都说‘努力吧’，若问‘为什么努力呢’，对方可能会哑口无言。”

的确，如果是生活离不开轮椅的话，很多人都会向你打招呼说“努力吧”。

冢越小姐反倒向我提出了问题。

“随口说‘努力吧’，您不觉得这是极不负责任的语言吗?”

“是的……”

“其含义并非是‘我要努力’，而是‘您去努力吧’。假如说‘咱们努力吧’，意思就是‘因为我努力，您也要努力’。”

的确，归根结底是逼人去“努力”。

“但是，来到美国，我感到非常轻松，人们见面常说‘Good job’，意思是说‘你干得不错’。”

的确，像这样的说法在日本很少见。

“‘Good job’的意思并非是为未来去努力，这不正是对以往付出的努力的评价吗？‘你干得不错呀！你是很了不起的。’这是对你以往付出的努力加以赞扬。‘努力’一词是在给人鼓劲儿，意思是说‘再干吧，接着干吧’，与后者相比，‘Good job’的说法会使我感到高兴。”

对于‘努力吧’这句脱口而出的语言，她竟然进行了如此深刻的分析，她的确很有思想。但是，迫使她思索这些问题，而且不得不去思索的原因大概存在于日本。她接着说：

“但是，我在想，为什么大家都对残疾人说‘努力吧’这句话呢？”

“因为日本是一个必须付出努力的社会。人们都认为，如果残疾人不付出努力就不能与正常人相同，所以，才对我们说‘努力吧’。”

“啊！大概如此吧！那么，您认为美国的残疾人就可以不付出努力吗？在这一地区轮椅通道的确很完备，乘轮椅不会有任何问题。在这种情况下，您以为残疾人就无须努力吗？”

这是个难题，这个问题请她回答最合适。

“嗯……也可以这样认为。但是，实际情况是怎样的呢?”

“我认为，我不需要付出‘一个残疾人’的特殊努力，但是，我要付出的是‘一个普通人’的努力。换言之，就是不能侥幸地利用‘残疾’，不能以此为借口。”

按照她的理论，在我自身所具有的“日本籍”、“男性”、“1976年出生”等各种因素之中，“残疾人”这一因素，在日本被刻意夸大的情况广泛存在。

“在日本，我即使自称是‘家越加枝’，从‘我是一个怎样的人’这一角度来说，人们的第一反映是‘我坐着轮椅’。因此，自己也就始终为这一问题感到苦恼。”

据说，家越小姐在日本时，从学生时代起，平时就戴着墨镜。对于她来说，戴上一副能为自己遮挡他人视线的、颜色非常深的墨镜，心里感到快活。家越小姐让周围的人穿上了铠甲，自己也就套在铠甲之中了。我们痛切地感到，她的谈话给我们留下的最深刻印象是“来到美国之后，才恢复了自我”。

在我们采访结束的第二周，她完成了一年的研修计划，回到日本。她是否重新钻入铠甲之中呢?还是……

谣　言

长达两周的赴美国采访，令其他演职员和友人连连表示“羡慕”，但实际情况与众人所羡慕的相距甚远。我们仅在采访结束前一天才得到两三个小时的购物时间，这便是仅有的自由活动时间。在回日本那天的上午，还安排了三个采访项目，使我们险些误了飞机。总算把要做的事都圆满完成。剩下的是如何将现有素材进行加工。

但是，完成这道“菜”绝非举手之劳。如前面所写到的一样，确定采访录像带内容的工作称为试演，从试演工作开始做起。不过，这次采访内容几乎全部使用英语，英语熟练的工作人员必须陪伴在一旁。另外，一般采访只有两三天的录像带，但是，本次采访长达两周之久。将采访内容浏览一遍，并用日语充分理解其内容，就需要两周左右的时间，这项工作令人头晕脑胀。而且，进行《专题报道》制作的日子终于来到了。

上午九点半，我枕边的手机响了起来。这是人们早已开始忙碌的时间，但对于大学生来说，依然太早。我边揉着惺忪的睡眼边接了电话，南部先生悲声说道：

“乙武君，太对不起了……”

突然发生了什么事吗？我依然似醒非醒、迷迷糊糊的，对事情毫无意识。

“为什么出现了那样的报道呢？我方也在进行调查。”

哪样的报道？是什么事……听了此话，我顿时觉得事关重大，我的大脑才渐渐转动起来。情况是这样的。

这天早晨，也就是在8月19日的体育报上刊登了一篇题为《〈五体不满足〉的作者在东京电视台就职》的报道。看过南部先生发来的传真，我大惊失色。在电视台和杂志社的采访中我一直明确地说“不是就职”。至今，我的这种打算仍未改变，这篇报道简直是造谣。我立刻通览报道内容。

“畅销书《五体不满足》的作者，早稻田大学政经系四年级学生乙武洋匡先生，明年毕业之后，将任东京电视台《新闻的森林》的第二主持人，正式进行工作。本月 18 日得知此事。”

“得知”？怎么得知的呢？我本人什么也没说过，偏偏他们……的确，现在，电视台每月仍然让我进行几次采访，但是，大学毕业后是否继续干这项工作，我只字未提呀！这怎么能算“就职”呢？从以下内容可以看出，这篇报道极不负责任。

“他朝着未来的理想——成为一名‘自由剧照摄影师’，迈出了坚实的一步。”

喂，且慢！不要随意决定他人理想，谁立志成为“自由剧照摄影师”了呢？此事对我来说如晴天霹雳。

这篇报道的出处是东京电视台。对于将在 8 月 29 日播出的《专题报道》，东京电视台要求发布预告，据说动用了各种媒介。接受体育报记者的采访也是其中一环。但是，关键是接受采访的负责人未能将谈话的中心内容准确地向体育报记者转达。我渐渐了解到上述的背景，因此，也不能一味地责怪体育报记者。

新任制片人太田先生又打来电话。太田先生不住地道歉。充其量我不过是二十出头的毛头小伙子，我越是表示不好意思，他越是深表歉意。

“您别说了，太田先生，这没什么过意不去的。”

“不，不，你即便这样说，但因为是我们《新闻的森林》节目组请你来的，我作为该节目组负责人理应对给你带来麻烦的事情表示歉意。”

以前我也许出现了戏剧性的判断错误，由于那次错误的戏剧性，使我势必会将太田先生这样一位“有才干的人”描绘得性格很坏。受此影响，总觉得太田先生难以接近。但是，通过他处理此事的态度，我认为他是那种难以接近的“有才干的人”的印象发生了彻底转变，我真正感到太田先生是“可以信赖的制片人”、“《新闻的森林》节目组的领导人”。而且，南部先生也说：

“不，我也大吃一惊，我觉得以前太田先生感情从不外露，事事不动声色。可是，这次他认为‘给乙武君添了多大麻烦呀’！他真动了盛怒。”

但是，事情各有各的责任。一种无处发泄的悔恨和不可名状的不安涌上心头。身居舆论界，从未感到过舆论竟然如此令人生畏。关于个人前途，在当事人一无所知的情况下，却能写出报道，并供广大读者阅读。而且，为了对这种错误的情报加以订正，必须付出不同寻常的努力。

电视中的访谈节目或主要以街谈巷议为素材的周刊杂志，哪怕极少地涉及他人的一点个人隐私，我也不能原谅它，因为无法判断其内容的真伪。因此，它不知会给多少人带来麻烦。通过这件事，我再次深刻地认识到宣传事物必须务求真实，这是宣传舆论界的工作人员最起码的觉悟。

编制《专题报道》的节目绝非易事。在此期间，如果写南部先生的观察日记，或许能成为暑假极佳的自由研究课题。他日渐消瘦的样子可一目了然。当然，编辑工作本身就有其难度。他一边要与不十分精通的英语搏斗，一边从早到晚眼睛不离显示器。再者，《新闻的森林》仅仅是 12 分钟的专题新闻，可是这次的节目要播出一小时，因此，至少要付出三四倍于往常的精力。

而且，另外还有一种压力。南部先生无论编制出多么出色的新闻内容，也要在《专题报道》节目中播出，而不是在《新闻的森林》节目中播出。《新闻的森林》的编辑们，以每两到三周一部的速度出专题，这是一种心照不宣的定额。为此，某个编辑如果不能按时完成定额，就会给其他编辑带来额外负担。所以，必须尽快结束工作，重返《新闻的森林》。这种如焚的焦躁直攻南部先生心头。

一直到《专题报道》播放前两三天，南部先生依然夜以继日地工作。编辑工作仍未结束，为此，我插入解说词的时间怎么也定不下来，当初定好解说词要在节目播出前一天晚上 8 时录制，由于编辑工作一直拖延到晚上 10 点，最后叫我去录制解说词时已到午夜零点。

双目无神的南部先生对我说："对不起了，乙武君，这么晚还叫你来。"被他这么一说，我反倒觉得自己不能帮南部先生任何忙，心中很是过意不去。南部先生当场对我草草率率写成的文稿动笔修改，同时录制解说词。

"啊，文稿这个地方觉得有点莫名其妙，乙武君，等等，我再改一下。"

他与《专题报道》的制片人商量着，对文稿进行修改。

"哎……把这里如此修改一下……在加上这句话的地方……嗯，就不需要这部分了吧！"

对文稿进行反复推敲，大约五分钟之后，南部先生说："好啦，这样就可以了吧！"我浏览已定文稿。

“南部先生……这里，最后又改成和原来一样啦!”

“啊……”

显而易见，南部先生太疲劳了！录制完解说词，时针已指向凌晨两点。再有 16 个小时节目就要正式播出了。但是，插入字幕，和不由我负责的解说词的录制工作等，留给南部先生的工作尚未结束。

傍晚 6 点。今天的主角是松原先生和我，还有《专题报道》的主持人田丸美寿小姐。在电视上看到她，表情严肃。我原想如果工作中出现失误的话，她只要不训斥我就算万幸了……我心中惴惴不安。但是一见面，她的形象与我原有的印象截然不同，她是一个非常健谈而又坦率的人。这样一来，我对播音室即席谈话的录制就可以放心了。录入磁带的播音室即席谈话内容，也由南部先生设计。节目录制开始，录像机转动起来。

“这部分录像的解说词是什么?”

松原先生寻找着南部先生，无人应声。田丸小姐和我也回过头去，于是，我们看到南部先生的身影，他正手持一本关于美国残疾人法“ADA”的书呆然伫立，美国残疾人法“ADA”可称为本次采访的关键词。

在《新闻的森林》节目中，专题报道部分只是瞬间就结束的节目，但是，今天的节目毕竟要长达一小时之久。录像机将要停止了，最后是请这次采访中遇到的人们谈谈感想。此时，我的头脑中回想起种种采访场面，我拼命抑制住油然而生的冲动。接着，节目圆满结束了。

这时候，南部先生双手合十向周围的人致谢。

“谢谢啦，实在有劳诸位了。”

“因为时间关系，自己也许没能制作出令人心悦诚服的作品，作为《新闻的森林》的代表被派到这里来，我是否不负众望呢?”他心中也许充满这样的自责，但是，南部先生，您如果这样考虑问题，就过谦了。

论点通俗易懂，说明论点的影像也脉络清晰，的确，如果再有更充裕的时间，也许能编制出更为优秀的专题节目。但是，我们目前已经充分地将“美国的消除障碍状况”传播出去了。无论如何，我们大家已全力以赴了。我作为成员之一，为此作品的一切感到高兴。

而且，这个夏天，为我从七岁开始的学生生活的最后时刻增添了光彩。往事可以构成最美的“自由研究”。

第十一章　改变形象

返回自我

我疲惫不堪已达极限。我虽未像南部先生一样为《专题报道》付出那样多的精力和时间，但是，它同样给我带来了意想不到的疲倦，精神上感到很累。我在电视台这个陌生的世界里已经工作将近半年。其间，我学到了大量的知识，同时，精神的疲惫也日益加深。我只要一上街，就会有人招呼“乙武先——生”，对此，我来者不拒，均报以“金太郎小人糖[①] 式的微笑”，心中却在呼唤：“让我能像与朋友约会时一样，安静安静吧！”

若对“盛名之下，其实难副”的人排座次的话，我是要

---

① 金太郎是传说中的儿童英雄，金太郎小人糖是一种日本糖果，无论怎样切开它，都会露出金太郎的面孔。

投“乙武洋匡”一票的。无论任何人来采访，我均已明确表示：即使我是个不错的人，但并不优秀，我同样具有软弱和欠诚恳的一面，我是一个普通青年。读过《五体不满足》一书，并看过我在《新闻的森林》进行报道的人，也不能将我看得很透彻。而且，别人的想像与自己的本来面貌之间的差距越来越大。

我想轻闲轻闲，欲与真正了解自己的伙伴们同去旅游。《专题报道》结束之后的一个月时间，让我休假，我与大学研究班的伙伴们去了加拿大。而且，将头发染成金黄色，不是棕色头发，完全是金黄。我去年夏天也曾染成金黄色，所以，毫无不适之感。总之，要彻底摆脱日常生活，这种想法促使我改变了发色。在《新闻的森林》工作期间，这是绝对不能允许的。我眼望镜子中只能保留一个月之久的黄发独笑，心里感到满足。

那是一次最令人满意的旅行。湖光诱人的班夫城，迷人的多伦多夜景，还有扣人心弦的尼亚加拉大瀑布，最后来到街旁美丽建筑林立的魁北克。另有一群与我同样无拘无束的伙伴，我渐渐地清除掉积压于心头的多余事物，代之以新鲜的能量补充到全身。好啦！再大干一场吧！

历时三周的旅行结束了，9 月 30 日回到日本。在驶向自宅的出租车中，我向司机打听近期日本的新闻。司机说：

“淡谷典子小姐去世啦！听说，在池袋出现了过路的妖魔；据说，死了好几个人，另外还有……”

似乎没什么令人高兴的事，所谓新闻恐怕不外乎这类事情。

“啊！对了！据今天午间新闻报道，好像有什么重要公告，由于无线电电波干扰，未能听明白……”

我回到家，打开电视机，了解到茨城县东海村发生核泄露事故。这时，不知不觉浮现于我脑海之中的并非惨不忍睹的事故现场，而是南部先生和宫泽先生等我的“同事”们忙于采访的情景。其乐无穷的旅游到此彻底结束。我被骤然拖入现实之中。第二天，我立刻去美容院恢复了头发的黑色。

当时，《新闻的森林》不得不更换一块“招牌”。连任首席主持人三年之久的门胁利枝小姐让位于进藤晶子播音员。我与门胁小姐的第一次谈话，至今记忆犹新。

“我没什么可怕的，所以……”

我对门胁小姐曾怀有惧怕心理。3月底，当我刚到《新闻的森林》时，并不认识门胁小姐。松原先生和社长曾半开玩笑似的对我说：“门胁小姐令人可畏，她要是发起脾气来就很难解决。”我每次在电视上见到门胁小姐，她总是着装整齐，神态庄重。我见到门胁小姐确实感到羞怯，她耳闻上述情况，初次见到我的第一句话就是：“我没什么可怕的，所以……”

门胁小姐性格坦率，容貌秀美，毫无卖弄风情之态，更令人钦佩。她工作认真，我不止一次地见到她在《新闻的森林》的播音结束之后，又与社会部和政治部的记者去商量工作。和松原先生一样，门胁小姐也不是由播音员转为主持人的。松原先生曾经当过经济记者，门胁小姐曾作为记者活跃于政治领域，尔后被提拔为主持人，也就是说，她以前同样是录像的制作者，她也会以敏锐的目光对待播出的录像。编辑们不仅要经受西崎和藤原总编的审查，而且必须要过松原和门胁这两道关。

当天的播音结束之后，还有很多工作等候着门胁小姐，所以，晚上她很少与别人共进晚餐或饮酒。正因为如此，当我听到更换主持人的消息时，差一点儿情不自禁地喊出“这下可完了”的傻话。老实说，我这个人不通世故，且自我放纵，与门胁小姐的为人正好相反。我感到，通过与门胁小姐的交谈，可以学到自身缺乏的、于自己十分有益的东西。对此，我确信无疑。但是，我丧失了这种学习机会，门胁小姐已经离开了这里。

数月之后，我造访了门胁小姐的新工作岗位，它在距总部步行只需要两分钟的一幢大楼里，这是东京电视台为了开展卫星广播新组建的部门。

“对于我来说，这是全新的工作，一切都是首次接触，颇具挑战性。”

门胁小姐向我吐露了心声，在她的面孔上，显示出勃勃的生气。而且，一种彻底解脱之情溢于言表，她彻底地从“映在画面”上的工作中解脱出来。

门胁利枝“一发脾气可不好办”，是她极富魅力的写照。

誓　言

入秋之后，报道方针被定为不局限于消除物理障碍的内容。为此，《专题报道》节目告一段落，我开始度暑假。可以说，如今是重新踏上征程。首先，我提出的第一个采访计划是“被采访过的孩子们的近况如何”。作为乙武报道的处女作，就是与苦于校园暴力的中学生举行的座谈会。其中有欺负人的，也有被人欺负的，各自就其压抑于心头的烦恼，当众诚恳交谈，这已是半年多以前的事情。今天，他们的情况如何呢？这是我暑假后的首要采访目标。

“我们播出的新闻都是紧跟屡屡发生的新的事件，一般不太涉及该事件以后如何。这次就算是一次跟踪报道。”

的确，新闻节目以传播每天发生的事件、事故为主，至于该事件发生的原因以及受害者以后的下场等均不作深入探讨。

“当然，就需格外关注的事件而言，对其后果也可作追踪报道。归根结底，一般情况下是不会这样做的。但我认为，乙武君的计划——‘被采访过的孩子们近况如何’是可以实施的。”

我并非中了社长的关西腔的圈套，而是思想上与他确有共鸣。在初次报道中，当在用贺中学举行座谈会时，孩子们在身心各方面都存在一定缺憾。对我来说，接受采访的孩子们已成为我的战友。我无时不在惦记着他们的发展情况。小松原小姐总是低着头讲述受欺负的感受，如今她在学校中的景况如何呢？樱井君曾面对摄像机发誓“绝不再欺负别人”，他是否恪守诺言了呢？

首先，我们前往樱井君居住的山形县藏王市。我们与樱井在地铁站见了面，他与半年前判若两人。当时，樱井君因欺负同学正受到停学处分，他将头剃得光溜溜的。今天，他留着满头浓密的黑发，身着黑色高中学生服出现在我面前，简直像杰尼斯[①] 先生。他英俊与可爱兼而有之，正值风华正茂的17岁。

采访樱井君那天，对于他来说是个特殊的日子，他被正式提名为校学生会副主席的候选人，这一天正要公布选举结果。因欺负同学甚至受到停学处分的樱井君，为什么会摇身一变成为学生会干部的候选人呢？采访这天，他春天结交的男朋友后藤先生也在场。

后藤先生家住米泽市，因身有残疾，乘坐轮椅，同时因存在语言障碍，可出声音的打字机终日不离身，以便与人交流。据说，樱井君在同乘的电车中，多次与他相遇，樱井首先向他打招呼，因此成为熟人。樱井向我述说了当时的情景。

“开始，一见到他，我就觉得可怕。”

“樱井君，没有一脚把他踢开吗？”

“不，不，我可没那样做。”

一句话逗得樱井君一个劲儿地向我解释，后藤先生按下打字机的“是”键，发出笑声。

“你樱井君17岁，后藤先生是26岁，年龄差距这么大，却能成为朋友，太少见了。”

“最初，我看他不像那么大年龄，觉得他更年轻一些。后藤先生也说他仅20岁……”

“哎，后藤先生曾和他打马虎眼吗？”

“是的。”（按键）

---

① 杰尼斯为男性偶像的名称。

机器再次发出笑声。后藤先生是个十分乐观的人。年龄差距如此之大的两个人能成为如此亲密的朋友，是事出有因的。那是暑假期间，樱井君与后藤先生去仙台一日游时发生的事情。樱井君说：

“以前，我认为残疾人不同于一般人，我们曾认真讨论过这个问题。我们一起去仙台的时候，身边只要有少女通过，他的机器就发出‘啊！太可爱了’的声音。”

“在女人问题上兴趣相投吗？”

“当不认识路时，有男人过来，我正要上去打听时，后藤先生发出‘那边的女人多好啊’的声音……”

“哈，哈，后藤先生是把好手啊！”

“因此，我开始觉得‘他和我没什么不同’。我也喜欢和女人说话嘛……我问他对于女人的态度，他说，如果能像我一样会说话、能走路的话，他也许是个了不起的与女人混的好手。”

后藤先生这次按下“不是”键，向樱井表示了抗议，他们是好伙伴。对于樱井君最感兴趣的“少女”话题，乘坐轮椅的后藤先生同样兴趣颇浓，对于樱井君来说，这是完全意想不到的。由于后藤先生谈起女人就眉飞色舞，使樱井君切实认识到“残疾人与自己没什么两样”。听说，樱井君因此不再认为“福利工作”是自我标榜的资本，而是把它当做自己的切身问题来考虑。他张贴出号召“收集易拉罐拉头和开展集资活动，为残疾人购置轮椅”的倡议。因而，被提名为学生会副主席的候选人，并且，最终当选。

就在半年以前，樱井君还因欺负同学受到停学的处分，并剃光了头发。如今，他发生了云泥之变，成为全体学生的典范。樱井君的变化究竟是怎样一回事呢？班主任老师对今天的樱井君给予如下评价：

“过去，樱井君的力量用错了地方，这是事实。从这种意义上说，如今他为了学生会的事情兢兢业业地工作，我感到，他是很不错的。”

我也这样认为。本来樱井君拥有超出常人的能力，但是，他将过剩的能力和使不完的力量用于“校园暴力”，在他受到停学处分期间，得到朋友的亲情感化，认识到自己的错误。进而，因巧遇后藤先生，他找到了拥有共同兴趣并愿为之贡献力量的对象。他的力量不再用于校园暴力，而转向了正确的“大显身手之地”。

樱井君打开笔记本，请我欣赏他与女友最新的照片集锦，他故作弹吉它的样子，一心向我倾诉了心上人——惹人喜爱的“柚子”的迷人之处。樱井君手舞足蹈、兴致勃勃地向我介绍了学校里的是是非非。他心地善良，天真无邪。

他作为空手道部的主力参加部里的活动；他与朋友组建了乐队；平时忙于学生会副主席的工作，还与女友谈恋爱。总之，他找到了诸多“用武之地”。

“我绝对不会再欺负同学。”

我已可以确认，他的誓言是真实可靠的，我可以心安理得地离开山形县了。

旧貌换新颜

在去会见小松原小姐的新干线列车上，我的心情并不太轻松。当将要再次见到樱井时，我曾期待他会改弦易辙，但是，对于小松原小姐，我首先感到忧心忡忡，担心她是否依然为学校的生活感到苦恼。难道接受采访的两个人都会结局圆满吗？世上的事不会如此称心如意。

小松原家住冈山市区，房子坐落于一条以寺庙为中心的僻静街道的角落里。我们按响门铃，门被打开，小松原小姐出现在面前，她已难以相认。当然，其中有发型改变的因素，但是，我见到樱井君时，尽管他的发型彻底改变，我仍能认出他，感到“你的头发长长了”。然而，门前这位面带羞涩笑容的少女已判若两人，与半年前相比，她的神情已有天壤之别。此时，我开始对她充满“信心”。

我们选在流经附近的吉井川的河滩上进行采访。天气晴朗，令人心旷神怡，远处孩子们正在踢足球。河水与时间一起从容地流逝。小松原说：

“尽管有不顺心的事，好像只要往这里一坐，就可被冲刷得一干二净。”

“嗯……”

“可是，我这样地活着，你们不感到意外吗？”

半年前，在举行座谈会的时候，为避免使她受到伤害，我出言谨慎。如今，可与她畅所欲言了，我直接谈正题。

“学校里情况怎么样？”

“非常快活。”

“觉得什么最开心？”

“我打篮球，因此朋友多起来，这是使我最开心的事情。”

今年春天，她升入高中。如今，她每天热衷于课外活动，生活充实而愉快。曾经苦于人际关系难处的她，选择了最需要相互配合的体育队的活动，令我惊喜交加。

“球队里的气氛如何？”

“非常融洽，真让人觉得快活。”

“平时训练到几点？”

“到六点半为止……”

“训练活动结束之后，大家去买些吃的吗？”

“同学们买些饮料喝，一起聊聊天。”

“课外活动之中其乐融融，活动结束后与同学一起喝饮料，聊聊天的时候也很快活吧！我上中学时，也参加过篮球部的活动，学校禁止学生买零食，可是，训练结束之后，大家一起去鸡肉串儿店，边吃鸡肉串儿边喝饮料，乐趣无穷。”

一谈起买零食吃的话题，我就兴致盎然，课外活动的确充满乐趣。随着谈话的深入，我不动声色地涉及到她昔日的伤痕。

“那么，这与初中时的课外活动有很大差别吗？”

“完全不同。”

“对初中时的课外活动有何感觉？”

“与同年级的同学不太能友好相处。”

“那时愉快吗？”

“仅仅是去参加训练而已……”

上初中时，正是她对校园暴力感到极为苦恼的时期。我决定请她重读一下当时她写给我的信。她以既非羞涩，又不是怀旧的复杂表情一字一句地读下去。信中写有“我曾经想去死”、“我每天都在哭泣”的语言。

“给我写那封信，大概是半年或一年前了吧！你对当时的自己有什么新的认识吗？”

“那是最坏的时期……”

“你对当时的自己作何评价呢？”

“总之，因人际关系曾使我感到痛苦不堪，令人烦恼的事很多很多。可是，我现在之所以能与朋友友好交往，就是因为有昔日的痛苦不堪……”

“就是说，因为你有痛苦的过去，才有愉快的今天吗？”

“您的思维十分敏捷。”

“过去虽曾使你苦恼，但也并非无益吧？”

“对我有益无害。”

她毫不隐讳地说。可以认为，她对过去并非“不在意”，而是认为“有那段历史是好事”。这难道不是故意逞强？是真实心理吗？我试着向她提出更为尖锐的问题。

“如果，现在有初中时代的同学会的话，你将如何对待呢？”

“可以平常心对待它。”

“会满面笑容地去见昔日的同学吗？”

“是的，可以。”

“你为什么要那样勉强自己呢？”

“那都是往事，现在很快活就可以了。”

我感到，她虽然比我小七岁，但是，她告诉了我，坚强意味着什么。这是我做不到的。最后，我向她提出如下问题。

“如今，你最大的心愿是什么?”

“我想快点去学校，因为学校充满欢乐，它可以不放假。”

节目播出的当天，为给播出的文稿收尾，宫泽先生冥思苦想适当的语言。我和南部先生也来助他一臂之力。俗话说，“三个臭皮匠赛过诸葛亮”。文稿的结尾终于定了下来：“现已入秋，不知不觉，小松原小姐和樱井君已旧貌换新颜。”节目录制工作圆满结束。

第十二章　各自的心愿

炽热的夏天

对棒球，我是内行。在孩童时期，我就酷爱棒球。我是阪神虎队的忠实球迷。同时，我还是被专业球队点名的高中、大学和公司职员棒球运动员选拔大会的热心观众。

“明年，哪支球队要点这位运动员？”

“哪个高中的某投球手，能投出一手好球？”

专门处理此类信息的我家的互联网网页，我每天必认真推敲。以一般人看来，我的信息量可以认为是“棒球内行”级的。我掌握“新秀”姓名的时间，比他在媒体上引起轰动要提前半年。

横滨商工高中的石井裕也，可投出时速 140 公里以上的直球，而且，他投出的球可以高速向击球员外侧自然旋转。此外，他还是专业队中难求的左撇子投手。现在，在阪神球员中，还没有一个能经常投出时速140多公里高速球的左撇子投球手。石井选手的能力相当强，我曾经以为，他会率先被专业队点名，但是……

6月的某一天，《横滨商工·石井》的标题跃然出现在体育报上。我浏览报道全文，它介绍了如下事实：石井因患音感性听力衰减，几乎听不到声音，在这种情况下，他却能够投球。

我不禁愕然。实力雄厚，名字已能进入选拔大会候选名单的投手竟然有听力衰减的残疾，这我还是第一次听说。我希望采访他，说不清原因何在，不过，我真的想采访他。

遗憾的是，我并不是体育节目主持人，因此，我感到自己贸然去采访他是不礼貌的。以往，我一直做“消除障碍”的节目，传播这方面的新闻。鉴于上述背景，我去采访他的话，他就不能以“运动员”的身分出现，而必须作为一个“虽身有残疾，却付出努力，挑战棒球的高中球员”的身分接受采访。可想而知，这样做一定会遭到他的反对。尽管如此，我仍不肯罢休。

于是，我又去与体育爱好者宫泽商量。他的回答简单明了，且合情合理。

“假设，石井君仅为二流球员，那么，依乙武君所述，可以编一个‘顽强奋斗的棒球少年’的专题节目，可是，他无可辩驳地属于一流选手。当然，采访不能丝毫不涉及到他的耳朵残疾的问题。不过，他既然是有实力的选手，采访他就没有什么不礼貌。”

可以认为，宫泽的想法是完全正确的。如果对方拒绝采访，届时死了这条心也就是了。石井作为一名“神奇投手”，宫泽先生也对他具有浓厚兴趣，他当场表示：“就让我给你做编辑吧！”于是，对石井裕也的采访开始了。这是许久没有的令人心情振奋的采访。

与他初次见面，便令我震惊。在与千叶县成田高中的练习比赛中，他站到了投手板上。我们未带摄影人员，根本不像是来采访的，更像是作为球迷来观战的。赛前练习开始了，与其他运动员相比，他的身材要大出一号，欲与他进行合作相当困难。所以，我担心他会被队友孤立起来，我的担心纯属多此一举。石井君与队友们一起高高兴兴地进行准备活动，在众多队员之中，他的确独具诱人“风采”。将他比作投球墩英俊少年是最恰如其分的。

比赛开始，成田高中进攻。石井裕也登上投球墩。当时，我看到了令人生畏的情景，方才举止腼腆，面带笑容的石井，刹那间板起面孔，变成信心百倍的“斗士”。稍过片刻，只听“嗖——”的一声悦耳声响，石井投出的球已被收入接球手的手套中。不，球不是接到的，更准确地说，几乎是投入接球手手中的。有这一个球，就足以证明他“技高一筹”。

7月，全国高中棒球锦标赛神奈川大赛在甲子园体育场展开殊死搏斗。这是夏季预选赛。我为能采访这场恶战，曾激动不已。

但是，“天有不测风云”，为了进行《专题报道》的采访，我必须去美国，此时预选赛鏖战正酣。因此，我未能领略石井君勇猛无敌的英姿。如果横滨商工能够过关斩将，直杀入决赛的话，也许我还有观战之机，也许还有幸欣赏他在甲子园棒球场的投球墩上投球的英姿。

总编作出决定，如果直到我回国，石井的球队仍能取得下一轮次的比赛资格，便由我做报道；如果在回国之前便遭淘汰，则由松原主持人和小仓播音员进行报道。

我心中边为石井祈祷边离开了日本。我祈求他务必进入决赛。

但是，常言道："能得神奈川，便可称霸全日本。"神奈川拥有横滨高中队、横滨商工队、桐阴学园队、东海大相模队等等，可谓强手如林，即便不是高中生棒球的球迷也耳熟能详。若想连战连胜，进入决赛谈何容易呀！但是，决定命运的日子终于到来。

"乙武，听说前台有东京电视台给你发来的传真。好像是松田先生来的。"

我在美国出差期间，松田先生随时将横滨商工队的战况和新闻报道以传真形式转告我。他十分清楚，我的宝就压在横滨这场八分之一的决赛上。石井的队如能闯过此关，基本可以认定能够进入决赛。但是，提起横滨高中队，前一年他们拥有松板大辅投手（现在西武狮子队），在甲子园春夏大赛中连尝胜果，堪称强中之强。横滨商工队不可能轻而易举地战而胜之。

石井裕也已竭尽全力，直到终盘，与横滨高中队的比分仍为 1 比 2，两队进行了一场精彩的搏杀。但是也许石井君连续投球体力消耗过大，在第八局被对方夺取三分，最后以 1 比 5 落败。石井君之夏结束了。

“失败是令人惋惜的，但他已竭尽全力投球。”

据报道，直到最后石井也未掉一滴眼泪，实在令人钦佩。第二天，我回到日本，强压心中的懊悔，看完了小仓播音员的报道录像。与此同时，我的夏季也宣告结束了。

无声的 K 标志

我翘首以待的 11 月选拔大会开始了。但是，最近由于施行“反向点名制”，哪位参选运动员去哪个球队已大致上有眉目，所以，不像以往那么心中忐忑不安。但是，惟独高中生运动员，还没有自由选择自己向往球队的权利。目前，一如既往，选拔大会是高中候选者们“决定命运的日子”，石井君也不例外。石井君已等到选拔大会的第二天，仍无球队点他的名。此时，我再次去会见他。

横滨水平最高的两支球队都使用横须贺棒球场。在这个球场上，横滨商工的选手们每周都要举行几次训练。这一天，石井君与一直配合三年之久的宇田川君一起出场。事隔半年之后，我与他再次相见。

“夏季的预选赛太遗憾了，你想过取胜对手吗?”

“也想过的。”

与石井君谈话时需将口张大，慢慢地说。若请熟悉的队友做翻译，可能会方便些，但是，作为记者仍然希望与他直接交流。他的话完全可以听清楚。

“石井君极为注重三击未中出局，这是为什么?”

“能拿到三击未中出局，心里更舒服些。”

石井君认为，三击未中出局对于投球手来说，是一枚勋章。在夏季的预选赛中，他共拿到 31 个三击未中出局。其数量在所有参赛的投球手中是首屈一指的。他向人们证明，他被称之为“神奈川第一投手”决不为过，石井君虽败犹荣。在棒球比赛情况记录册上，以 K 来表示三击未中出局。因此，活跃在俱乐部联盟比赛中的野茂英雄选手被人誉为“K 博士”。

通常，被球队点名的选手，要有球队的人来表示问候。但是，石井君一直无人问津。显然，这不是实力的原因，而是由于他患有听力衰减的残疾。多年来，我一直认真观看选拔大会，我可以证明，凭石井投手具有的超常能力，无可怀疑，他在选拔大会期间能被球队选中。然而，最终无一棒球队来选他。原因大概是惟恐听力衰减会带来负面影响。实际上，听力弱造成的影响到底有多大呢？森田诚一先生作为横滨商工队的教练，曾连续三年指导石井投手，他说：

“关于投球技术，与听力毫无关系。仅仅在防守方面，有时要凭声音判断对方击出的球，所以，最初，我也对他表示担心，故意让他去防守，以便考验他的能力。可是，他凭借天才的平衡和反射神经，也完成得十分出色。比其他选手更优秀。”

人们另外担心的是，在偷垒或进行比赛联系时他是否存在问题。对此，接球手宇田川君说：“这方面，全体内野手可以用指定垒位等手势加以弥补，根本不存在问题。”

石井与宇田川这对投球手与接球手进入投手练习场地，开始投球练习。自从在与成田高中的比赛中见到石井投球以来，这是半年之后再次欣赏他的“全新”投球法。球带着“嗖，嗖”的悦耳声响打在宇田川君的手套上。

“石井君如果进一步锻炼下半身，增强肌肉的力量，足可以投出150公里的球速。”

“不，不，大概能达到155公里左右。”

在日本球员中间，能投出150公里球速的左撇子投手是前所未有的，而且，石井君正值前途无量的18岁。

这时，宫泽编辑拿来球棒和头盔。我心里想，你别逞能了！你无论怎样对自己的充沛体力信心十足，也不足以面对可能选入专业队的投手。不言而喻，站在击球员区能更准确地体验到球的速度和威力，更易于向观众传达。但是，一旦被击中，实在太危险。

于是，宫泽先生将头盔戴在我头上，球棒也交给我。

“哎……让我……”

我真健忘。这家伙的脾气就是己所不欲施于人，自己拣肥差嘛！但是，我心里很高兴，对于我这个棒球爱好者来说，还从未站在击球员区傲视如此强劲的投球手。我下定决心，打开投手练习场的幕布，走了进去。

“嗖儿！”

这球发出的响声仿佛要将空气划开一条缝……可谓“带着呼啸声的极速球”，自己难道想击这个球吗？我一眼看见正慌忙走向场外的宫泽先生。原来如此啊，你这个家伙！

我总算站到了击球员区内，将球棒夹在腋下，正要拉开架势。

说时迟，那时快，我眼冒金花儿！

当我感到一阵剧痛的同时，头脑中变成一片空白。正当我觉得将要登上天堂时，忽然见宫泽一边大喊着“乙武！你不要紧吧！”一边跑了上来，我的头盔早已裂成两半。

如果不是打在头盔上，我早就一命呜呼了。我从未想到过，球有如此巨大的威力。与漫不经心地坐坐快速滑行车相比，这才是真正体味到惊险和刺激。如果这个球控制得稍低一些，就很可能击不中头盔。

最后，我问石井君。

“后天的选拔中，你有可能被点名吗？”

“嗯——不知道。”

“你最喜欢的球队是哪个？”

“横滨贝斯特兹队。”

两天之后，石井裕也的理想“暂且”未能实现。毕业之后，他效力于当地一家公司球队，石井君再次以入选专业队为目标而努力。我作为选拔大会的热情关注者，作为石井君的球迷，企望着这一天的来临。

因为是残疾人

深秋的某一天，东京电视台发来一则传真。这是来自韩国文化电视台的一则传真。据称，以前韩国文化电视台曾两度提到过某位少年的事情，那位少年与我相同，生来没有手足，也是个男孩子，目前生活在修道院中，上小学三年级。其父母去向不明，神父先生代行父亲的职责，将他养育成人，他名叫李救援。读过在韩国出版的《五体不满足》之后，韩国文化电视台想将我与该少年的对谈纪实作为第三个关于李救援的节目播出。

开诚布公地说，我讨厌他们的提案。“因为是残疾人，就该与残疾人为伍”的思想方法过于狭隘。有的人只对我谈论他所了解的残疾人的事情，难道是借以显示他对残疾人的理解吗？尽管我的话讲得很不客气，但我对素不相识的人毫无兴趣。难道他与我具有相同的残疾，我就会对他产生浓厚的兴趣吗？与松岛菜菜子① 之类的人物交谈交谈该有多么惬意啊！不管怎么说，想以“残疾人”这个框框束缚我的人太多了，可以说，这次采访请求达到了登峰造极的地步。

若像往常一样，我会正面予以拒绝的。但是，这次不同。相反，我在考虑，我方可否将计就计，利用这次机会。我拿起电话听筒，给太田制片人拨通电话。

“啊！是太田先生吗？关于韩国文化电视台提出的事，我对他们的提案本身毫无兴趣，可是，我方是否也派出摄影人员，将对方的情况拍下来，制作一个节目呢？类似于‘邻国——韩国消除障碍的情况’的主题。”

“噢，实际上，我也在这样考虑。我原来担心，你不会接受他们的提案。”

“当然啦，如果是他们单方面操作，我是不会接受的，相反，如果我方也参加采访，我以为是可以接受的。”

“哈哈，乙武你能成为一名出色的制片人。”

不知这是对我个人的赞许，还是对我的狡猾提案的批

---

① 松岛菜菜子：日本演艺界女明星。

准，话讲得十分含蓄。

首先，请韩国文化电视台的工作人员来日本，与东京电视台的人共商采访方案。《新闻的森林》节目播完之后，在东京电视台三楼会议室举行了会议。韩国文化电视台来了三个人，东京电视台也出三个人，其中包括我。通过翻译，双方进行自我介绍，然后进入正式议题。韩国文化电视台一位姓崔的编辑，身材消瘦，他作了一番寒暄之后，说了如下一段话：

“我们本次的目的是要让救援见一见乙武先生，制作节目永远是第二位的。”

他这样说，不知是真心实意，还是故作友好姿态，但语言很简练。不过，即使因为我与救援君具有相同体态，如果对他并无特殊兴趣，我也不想与他见面。如果双方仅限于采访者与被采访者见见面而已，再无建立其他关系的打算，那么，希望我们见面的方案本身就令人不可理解。像石井君那样颇具魅力的人偶尔有些残疾，如果他的情投意合的朋友碰巧也是乘轮椅的残疾人，那是另外一回事。但是，以为身有相同残疾就会成为朋友的想法简直像是天方夜谭。

会谈继续进行，崔先生提出如下问题。

“乙武先生，您将对救援说些什么呢？”

这是不行的……这种对待采访的态度是大错而特错的。这一点，我必须明确指出。

“即使我与救援君具有相同的残疾，我也无权将他视为‘晚辈’，因为我们所处的环境不同，彼此性格也不相同，所以，我不能向他提出应该这样或那样的建议。只能对于救援君的提问，给予‘我是这样做的’答复。”

崔先生无法掩饰对我的回答表示惊讶的神态。我接着说：

“方才，崔先生说，目的是让救援君见见我，制作节目是第二位的。如果此话当真，那么，我不能对您这次采访提供合作。”

崔先生惊慌失措。当然，我说上述一番话的目的并不是有意为难崔先生。不过，想让救援君见我父母也罢，想让他到我家来亲手做饭也罢，他们想让救援君深入我的私人领域已是十分清楚的了。所以，我希望事先加以确认，哪些是可以采访的，哪些是不可以采访的。由于在矛盾与斗争中求得发展，对救援的采访，还有对于我的采访，拉开了序幕。

李 救 援

救援君得救了，他是个可爱的、富于魅力的少年，他身着民族服装，用付出巨大努力才练会的日语进行自我介绍说：

“初次见面，我叫李救援。”

因为紧张，开始时他不敢正眼看我，说话声音也很小。但是，渐渐地熟悉起来，他便开始施展自己的本领，他的本领是“体育”。

严格地说，我对没有胳臂和腿的认识是不正确的。我勉勉强强地长有仅到胳膊肘的上肢和到膝盖的极短下肢。但是，我可以使用这极短的胳臂和腿，可以依靠自己的力量走路、写字和吃饭……在一定程度上，我可独立进行日常生活必须的活动。

但是，救援君是名副其实地没有胳臂，没有腿。他的胳臂仅为肩部突出的尖儿，一下子就什么也没有了，不能抓东西。腿则是从臀部往下什么都没长，不用说自己行走，如果没有支撑，连端正地坐在地面上也不可能。也就是说，他只能靠着轮椅坐或是躺下来，不能有第三种姿势。同样是“没有手足”，情况却有天壤之别。而且，听说这位少年最拿手的是“体育”。

我们半信半疑，但是，转眼之间，我们对这位韩国引以自豪的体育少年，不得不俯首称臣。他首先表演足球，我以为只是让球在地上咕噜噜地滚动而已，忽然救援君要求确定球门范围。球是用布为他特制的，他口衔布球，躺在地上，使自己的身体高速旋转起来，他看准时机，利用反作用力将球抛出去，他那凶猛的“射门”，使球以出人意料的速度从我身边划过。

下一个项目是篮球，据说，篮球他最为拿手。他知道我在中学时代是篮球部的，便要与我比个高低。工作人员将可以随意拆卸的小篮筐设置得如同大人胯下的高度，他按照玩足球的要领将球衔在嘴上，但玩篮球时不注重速度，更注意对球的控制，这样将球投出去。通过变换球离开嘴的时机，来调整它的角度。球轻飘飘地浮起来，划出一条美丽的弧线，落入篮筐。在同一地点，我也向他发起挑战，我投出的球多数被篮筐弹回，结果十投仅中两三个，救援君像是有意让我难堪，他投出的球全部哧溜哧溜地钻过篮筐，其命中率令人赞不绝口。

我们收到了令人震惊的“见面礼”，决定带他到东京街头观光。在中学校园内打棒球的孩子们，在公司内忙忙碌碌工作的大人们，车窗外的景色不断变化的地上电车，对于李救援来说，这些都是初次见到，因为他过着几乎不出修道院的生活。他那炯炯发亮的目光和不住轻微摇动身体的兴奋神态，使我们确认他是个天真无邪的少年。但是，我们渐渐地察觉到，在救援君的身上同时存在“具有成人色彩”的想法和强烈的自我意识。事情发生在老年妇女之街原宿和巢鸭一带。

在以能为人消灾闻名的地藏菩萨庙高岩寺内，有个焚香的大香炉，据传只要使冒起的烟碰到患病处或头部等希望由不适变好的部位，就可以收到效果。我向李救援介绍了此事，并询问他是否想让烟碰碰他的什么地方，他回答说：

“这是日本的文化传统，而我是基督徒，所以不信奉这个。即使模仿一下，我也不情愿。真要试试的话，我需考虑考虑再说。”

翻译有些不好意思地翻译了他的话，我认真地听着。这不像九岁的孩子说的话。救援君在修道院中长大，神父代行其父亲职责，他想当一名出色的神父。当然，他已经是一名基督徒，然而，他仍然是一个好奇心正盛的小学三年级的学生啊！原本只是想请他尝试一下的事，却遭到他的断然拒绝。我不信仰宗教，其中可能有许多是我无法理解的，不过，我感到他的自我意识相当强烈。

在访谈中我试探着向他提出了如下的问题：

“救援君是否曾觉得没有手足更好呢?”

这也许是个不太友好的问题。但是，他满不在乎地说:

“人也许会用手脚去做坏事，至少，我不能去干那种事了。所以，我觉得很好。”

这难道就是基督徒的思维方式吗?虽然我长有很短的胳臂和腿，但仍然觉得有太多的不便之处，我永远不会觉得这是一件好事。

救援君使我深深地认识到，他年仅九岁就已经树立起可使人感受到的信念。不知这是出于他的天性还是由宗教心理酿成的，或是由于他生来这副身架而遭到父母抛弃所导致的结果。答案谁也不得而知。恐怕连他自已也是糊里糊涂吧!不过，但愿其原因不是第三条。不言而喻，由于生来是那样的体态，具有如此倔强的性格也许是件好事。但是，如果为此付出的代价是失去了一颗“童心”的话，那就太残酷了。每逢看到他偶尔露出的天真无邪的笑容，我就感到，使他思虑毫无意义的成人社会的也有我。

最后，拍摄了对他长时间的访谈。关于今后以及未来的生活，他是怎样考虑的呢?面对一个年仅九岁的儿童，也许本不该提出这样的问题，但是，从我们此前的问答中，我充分地认识到，我们是可以进行这样对话的。两个没有手足的人并肩坐在沙发上。

“最近，救援君改去学校上课了吗?”

我想了解一下他的生活变化，最近他改为每周去一两次残疾儿学校。但是，由于学校里没有与李救援完全相同的残疾儿童，即使去学校，上课也是一个老师对一个学生，与老师来修道院的登门施教无甚区别。

“那么，你不想去有很多朝气蓬勃、到处跑的孩子们的学校吗?”

“在学校里，别的孩子们在运动场上玩耍时，自己只能坐在轮椅上而不能去外面玩儿，这种情况是可想而知的，所以，我不觉得去普通学校会很愉快。”

如今，他过着没有朋友的生活，我原以为他会憧憬普通学校这一未知世界，不料他却作出了十分现实的回答，他已看到了那一步。

“今后，救援君会慢慢长大的，你会因此感到不安吗?”

“嗯……我不太明白。”

“例如，现在你洗澡要别人帮忙，去洗手间要别人带你去吧，今后，不会渐渐地为此感到不好意思吗?”

有位修道院的女士代行救援母亲的职责，本次也随同来采访。她忍不住从房间里跳出来，双手遮住脸说：

“当然，他长大以后也许会产生那样的想法，但是，现在还不太清楚。现在，我们知道，训练他靠自己的力量做事是最为重要的。”

救援君虽然说话很慎重，但他依然尽力地回答我的问题。

“最近，你每周去几次学校，并且有几次类似这样的采访呢？出修道院的机会多起来了吧？因此，你是否觉得‘生活在社会上，是很累的’呢?”

“一想到长大以后，自己会离开修道院，当然觉得那将是非常辛苦的。而且，我本来就有让人看了可怕的地方……”

“那么，救援君想一直让人照顾着生活在修道院内吗？还是，尽管困难重重，仍愿毅然走出修道院，到‘社会’上去谋生呢？”

“我觉得，长大以后就不能生活在修道院里了。虽然感到畏惧和艰难，可是，为了能在社会上生活下去，我愿意去挑战。”

由于我们通过翻译进行问答，所以用词难免有不贴切之处，不过，内容完全没走样。在日本，一提到“独立生活”，就意味着无需他人帮忙地一个人生活，但是，在美国则不然，即使求助于他人，只要按自己的意志生活就算是“独立生活”。从这种意义上来说，我已确认，他完全能够独立地生活下去。访谈结束之后，松田先生对我说：

“哎呀，这个访谈太妙了！你问的问题颇有深度，有的问题，即使我这个健康人也难以提出来。让他母亲都忍不住哭了。不过，问题如果不提到那个份儿上，就不能揭示他的内心世界。”

当访谈在进行时，我也曾感到心中难过，偶尔，脑海中闪现出“如果我在少年时代遇到这样的提问，会怎么样呢”的念头。也许旁观者认为我是冷酷无情的。但是，我感到心满意足，我直到最后一直未动感情，我尽到了一个采访记者的职责。在苦于校园暴力的孩子们的座谈会上，我始终对松田先生的提问感到坐立不安。在过去的八个月之间，我也许多少取得了一点点进步。

尽管如此，我内心深处依然残存着莫名其妙的负罪感，我是否伤害了救援君呢？我为什么会有负罪感呢……

第十三章 风 暴

潜 水

“乙武，想去冲绳看看吗?”

“是的，冲绳我还没去过。”

“的确，你好像拿到了允许潜水的证件吧?”

“是潜水执照。那是2月份拿到的。”

“啊……原来如此。”

社长快活的笑容，拉开了本次采访计划的序幕。2000年，决定在冲绳举行八国首脑会议，《新闻的森林》也在冲绳设立了特别播音室，决定元月的节目从冲绳播出。内容以有关冲绳的新闻为中心，其内容之一是乙武报道“冲绳·海底遗迹”。

冲绳县的与那国岛，位于日本最西边。在该岛附近的海底，发现了一块东西长250米、南北长100米的巨型岩石。

在这块岩石上，有的地方甚至刻有垂直的台阶，这究竟是自然形成的，还是古人留下的海底遗迹呢？对此事众说纷纭。我有潜水执照，计划从海底对这块巨大岩石进行报道。

我不会游泳，而且，潜水衣等潜水用具和装备必须由他人资助。也就是说，要带着我潜水，并使我潜入海底，就必须耗费多余的人手、时间和资金。如果请有潜水执照而无残疾的人进行此项报道，既简便又不必花费很大成本。对于尽管如此麻烦，仍起用我来做这件事，我表示由衷的感谢。

南部先生、松田先生，还有宫泽先生，他们都没有潜水执照。作为编辑，本人不需要潜水，不过，如果毫无潜水知识，就难以胜任此次编辑任务。于是，请曹小姐出马。

曹琴秀小姐是天生的慢性子，是一位深受演职员们喜爱的年轻女编辑。她既是我大学的前辈，又对潜水颇感兴趣，休假时也经常去潜水。这次采访决定由她负责为我策划。

随后，我和曹小姐一起观看了海底遗迹的资料片，感到十分神秘。它究竟是什么东西呢？以往知道有“神秘”一词，却从未体验过“神秘”的真正含义。但是，突然出现于海底的“神殿”，便可称之为“神秘”，除此之外，难以找到其他恰如其分的词汇加以形容。难道能亲眼去观察它吗？仅仅这样一想，就顿觉毛骨悚然。

11月30日清晨4点，闹钟便将我唤醒。为了改乘直飞与那国岛的为数不多的航班，我们5点30分以前必须赶到羽田机场。我边擦着惺忪的睡眼边梳洗打扮，不，应该说是半睡半醒地进行着装洗漱更为确切。当我熟睡时，飞机抵达途经的石垣，再向前飞可到达与那国岛。天正在下雨，狂风劲吹。这是最不适合于潜水的气候条件。

新嵩喜八郎先生既是巨石的首位发现者，又是本次采访的赞助商。在他的引导之下，我们从机场赶往下榻的旅馆，工作人员陆陆续续集中到这里。为了在大海这种特殊环境中进行采访，电视台组织了达15人之众的采访阵容。首先是位于那霸的“NAC”公司的工作人员，由他们负责水中摄影。其次是新嵩先生经营的潜水用品商店的职员，他们负责对全部的摄影工作以及我潜入大海时，在周围提供支援。再者，就是东京电视台的摄影工作人员、南部先生和曹小姐。最后，是我无论如何不能忘记的、我本次潜水的指导员及合作者赤星阳太郎先生。为了本次潜水，他是新嵩先生特意从大阪为我请来的专家。

如前所述，我虽然有潜水执照，但是，在潜水用具和着装方面必须有人提供赞助，而且，由于我不能凭自己的力量游泳，因此，包括指导员在内必须是三个人以上一起潜入水下，这是先决条件。赤星先生是关键的合作者，也就是说，他掌握着我的生死命运。

赤星先生的年龄与我相差无几。浓茶色头发，面带和蔼笑容。说我们是同龄人好像也是合情合理的。但是，以潜水知识和经验而论，我望尘莫及。这是有其原因的，他对潜水兴趣极浓，且酷爱潜水，几乎达到以潜水为业的程度。我决心将自己的一切委以他那双清澈明亮的眼睛。一个连游泳都一窍不通的人却要潜入几十米深的大海，如果没有信得过的合作者，会恐惧得不敢入水的。我觉得赤星先生是值得信赖的。

在赤星先生与我之间，最重要的联络信号是“耳排气”。所谓耳排气，就是在捏住鼻子的状态下呼气，也即从耳朵排出空气，以便调节体内气压与体外水压的平衡。如果不能做这个动作，就有头痛或耳鼓破裂的危险。这是潜水动作的基本之基本，而且是最重要的动作。但是，我没有捏住鼻子的手，为此，必须请赤星先生给我捏住鼻子，以便帮助我完成耳排气动作。

“关键时刻怎么办?”

“首先，是请您认认真真地盯着我，当我需要进行耳排气时，就用力地横向摆头，这样的话，就请您捏住我的鼻子。”

“尽管这样，也不能解决问题的话，怎么办呢?”

“我就再次横向摆头，请求帮助!”

“好吧！知道了!”

在水中，我同样不能讲话，若代之以手势发送信号，我又做不到。因此，我们不得不商定以颈部以上的头为中心的“最原始的联络信号”。在此，如果彼此在理解上产生误差，可能直接事关生死，所以，我们都一丝不苟。

雨继续下着。第一天的主要任务是工作人员进行协商，尚无潜水计划。但是，今天如果雨不停的话，对明天的气候条件也不能抱太大希望。大家聚集在餐厅里，好像要将电视上的天气预报吃掉似的盯着看。如此认真地观看天气预报，除小学时代参加郊游的前夜以外，我还从来未有过。

“明天，除冲绳地区以外，全国都是晴天……”

在遍布令人心情舒畅的太阳标记的日本地图尽头，好像表示歉意似的竖起一把小雨伞标记。这只能是令人厌恶的天气预报。主持人并无过错，我却打心眼儿里讨厌他。

“我们做个扫晴娘[①] 吧！”

“那个卫生纸箱是空的，就用它做吧！”

如同工作人员们的玩笑话一样，我们的愿望只有一个，就是见到太阳。

令人痛苦的工作

随着小鸟的唧喳声一觉醒来，暖洋洋的太阳穿窗而入照射面颊的愿望仍未能变成现实。雨淅淅沥沥地在继续下。令人讨厌的雨，我的希望再次落空了。

如果潜入大海之中，雨并无很大影响，关键在于风，只要有风，大海就会发出怒吼。NAC 的工作人员，也就是专业潜水员们首先去为我们“观察敌情”。临近中午才返回住地。

“情况依然比较严重。”

“就看下午风向如何改变了。”

“等着吧！”

只要风向一变，大海的情况就会发生彻底改变。全体工作人员边进午餐边用企盼的目光盯着天气预报。从前，我看天气预报，不曾注意过风向与浪高，但是，今天简直像在祈求似的盯着画面上的此类信息。情况出现了变化。

---

① 扫晴娘：为祈祷明天天气放晴而挂在屋檐下的小纸人。

“啊！风向不是有点儿变吗?”

“这回，有盼头儿了。”

“下午去试试吧！”

午餐后，一切准备停当。我穿上了新嵩先生特意为我制作的正好适于我这超小身躯的潜水服，好像是为避免水侵入似的，潜水服做得有些小，将身体箍得紧紧的，甚至连心脏都像被勒紧似的。我与一同潜水的赤星先生对联络信号，进行了最后的确认，情绪十分高涨。

驱车数分钟便到港口，登上剧烈摇摆的轮船。船上载有15个人，再加上潜水用具和水下摄影用的机械设备，这艘轮船当然是大型的。而且，轮船越大越不容易驾驶，能驾船的只有新嵩先生一个人。他满脸络腮胡须，长发在身后束成一绺。他以压倒一切的气势向工作人员发出指令，简直像个“海上谋生的男人”。在这位可以信赖的船长的率领下，我们终于驶向了海底遗址所在地。

轮船离港不久，便开始剧烈摇动起来。狂浪翻滚，我们的轮船好像成了一张过大的板子，在海上进行着冲浪运动。我立刻感到眩晕。

“乙武君脸色发青，你不要紧吧！”

曹小姐惴惴不安地盯住我的脸。

“嗯，想办法忍着吧！”

“但是，乙武君的脸色看上去很痛苦。哎哟，南部先生。”

回头一看，南部先生也是脸色青白，敞开着手中的塑料口袋。正在这时候，听到新嵩先生大声喊道：

“立刻返航!”

新嵩先生从驾驶舱来到我们跟前，说明了情况，波浪比预料的更大，在这种情况下，难以潜水。根据他的决断，我们不得不放弃潜水的打算。

返回到陆地上，我们依然步履蹒跚，想吐的症状是消失了，但是依然感觉头晕目眩。回到旅馆，请人帮忙铺好被褥，我和同样苦于晕船的南部先生都一头倒在了床上。

“乙武，真够戗啊！难怪，你也挺不住了。”

“是啊！实在出乎意料之外!”

“我从未潜过水，但是，这来回坐船可够受的。真有点儿难受。”

“的确感到难受，怎么说呢……那是……”

“什么事？怎么回事?”

彼此均钻在被子里，所以，不见对方面孔。

“我不是说过，在澳大利亚取得了潜水执照吗？实际上，是和早已有交往的她一起拿到的。结果，我与她整整交往了两年哪！归根结底，那段交往是最为美好的回忆……总之，思绪万千。”

“原来如此，那的确是很痛苦的事情，比晕船更难堪……”

“自己早就想开了，并不在乎，但是……”

“明天，身体能挺住吧?”

“那是当然的。如果由于自己挺不住取消了计划，那可是遭报应啦！我本人是没有问题的，还是看天气吧！如果天气不会变好的话……”

如今已是四天三宿的采访，再加上潜水的当天不能乘坐飞机的常规，我们还要多逗留一天。即使天不放晴也行，只要给个风平浪静些的日子就可以了。

神　殿

老天难道还让冲绳上空乌云密布吗？今天，天气仍然无明显改观，但是，风向并不坏。尽管如此，据说，午后，风还会有所变化。我们只能早晨就出海。

平时，我不用早餐，为了避免晕船，我好歹往胃里添进些食物。我好像依然不是非常清醒。继昨日之后，今天轮船又开始了第二次航行。

“怎么，不觉得比昨天更厉害吗？”

“海浪的确很大。”

当时，我豁出去了。坐在甲板上，刚觉得浪花溅到面颊上，忽然口中便充满了咸味，我任凭大浪袭来。我油然感到了力士的气概，眼前浮现出了力士们与对手较量之前用手拍打自己面颊的雄姿。我斗志倍增。

此前，睡意使我头脑迷迷糊糊，大浪反使我头脑清醒。与此同时，晕船症再次袭来。但是，这最后一天，应算是时来运转的好机会，我未被晕倒。我改为迎风而坐，尽情地眺望远方，心中尽量浮想以往最令人愉快的事情。这是在澳大利亚时，向潜水教练学到的“避免晕船的方法”。不知道此法是否灵验，但是，不管灵验与否，我可以忍受得住了。

终于到达遗迹所在的海面。那个神殿就沉睡在这略显发绿的深蓝色的大海下面。我不住地浑身颤抖，这好像仅仅是由于寒冷。我想尽快跳入大海，因为晕船到达极限的感觉越来越明显。

摄影队携带着特殊的水下摄影器材先行入海。接着是赤星先生，他身穿鲜红色潜水服，非常合身，然后是我，众人依次跳入大海。赤星先生紧抓住我那瘦小的身躯，慢慢地向水下潜去。靠近海面处水流湍急，人的身体几乎会被卷走。不过，随着逐渐向海底下潜，水流感渐渐消失。

全世界的潜水员都憧憬着冲绳的大海，其中，在与那国岛海面下，常常可以看到被称为锤头的鲨鱼鱼群，因此，世界闻名。海水清澈，透明度极高，由于有风和降雨，并不是最佳潜水条件，但是，视野依然很宽阔。蔓延成片的珊瑚，从未见过的海鱼，真是美如仙境。不过，现在的目的可不是欣赏美景。

赤星朝我捏住自己的鼻子，向我发出“可以”的信号。我用力地摆动头，他便来捏住我的鼻子。

用力地“嗯”一声。

欲从鼻腔呼出的空气却被挡住去路，它无处可去，便以耳朵为新的出口呼出到外面。平安无事地完成了一次耳排气。再往下潜，马上就要到达神殿旁。

稍向前游，突然视线被遮住。眼前竖起一道巨大墙壁。这是怎么回事，这里明明是海底，怎么……那就是“海底遗迹”。

再靠近些，突然看下方，那里有录像中已见到过的台阶。慢慢地向下，潜到台阶近旁。我是无以做参考的，如果是正常人，就可以感觉到台阶非常适于登踏。台阶间隔均等地向下延伸。令人惊讶的是台阶的角度，好像人为地测算过一样，均为直角。这样的台阶怎能是自然形成的呢？无论怎样分析，只能认为它是人类劳动的结晶。

赤星先生与我彼此看了看，隔着潜水镜交换着眼色，相互会心地一笑。我们充满了共同的喜悦。现在应抓拍它的全貌，我们游出数米，离遗迹稍远点，回首观望，那里确如一座耸立的神殿。

“咕，咕，咕……”

赤星先生大吃一惊，回头一看，从我口中冒出了大量气泡，我完全忘记了是在水中，真想高声赞美：“真了不起！”即使断言它是建筑物，也不算夸大其词，它的外观是那样的雄伟。似乎有人认为它是自然形成的，我希望他们能来实地考察考察。我感到显然有人类存在。这不就是一篇古代的传奇故事吗？无论怎样分析，我的头脑中都浮现出人类的迹象。

当天晚上，大家聚集在新嵩家，观看在水中拍下的录像。

“啊！大海龟！”

“对，对！是偶然碰到的。”

等候在轮船上的曹小姐和南部先生未见到海底景色，从录像中首次见到。

“哎呀！拍得太出色了！”

“太好了，我多么想一起潜入大海呀！”

大家边异口同声赞美边看录像。于是，新嵩先生脱口说道：

“实际上，我们大家要送给乙武一份礼物。”

那是一幅绘有与那国大海景色的巨大宣传画，画上写着全体工作人员的赠言。

“乙武君加油吧！我永远敬佩你！——曹琴秀。”

“你是见证人！——南部雅宏。”

新嵩先生、赤星先生以及其他工作人员，都一一签名写上了充满热情的贺词。简直精彩极了，这是一个富于戏剧性的场面，激动人心的场面。大家给我如此之大的鼓励，我深受感动。这是一幅使我一股脑儿地体味到惊讶、喜悦和温暖的宣传画，它是世界上绝无仅有的。

第二天早晨，天气变得晴朗。在飞往羽田机场的飞机上，我借口有空位子，一人独占两个座椅躺了下来。我的身长仅两个座位便足以躺下来，这是我以无足为乐的屈指可数的理由之一。我闭上了眼睛，一块毛毯轻轻地盖在我的身上，这大概是邻座的曹小姐所为。虽然仅仅两个小时，但三天以来，我首次安然入睡了。

圣诞前夜

“乙武君，下周的星期五是今年播音的最后阶段，能否请你出场呢？”

“可以，星期五是几号？”

“是24号。”

“哎？那不是圣诞前夜吗？”

“啊！是真的！”

“您知道吗？我还是学生。”

“啊！是这样……”

“拜托了！南部先生。这是我学生时期的最后一个圣诞节啊！”

“知道了，播音结束之后，咱们去喝酒吧！”

“不，不是那个问题……”

就这样，圣诞前夜我被派上了工作。唉，谁让我还没有能对此表示不满的“她”呢，别无他法。

但是，作为弥补，南部先生给我送上了一份儿圣诞厚礼。这就是让我与阪神的野村教练举行对谈。当在《新闻的森林》工作之初，我曾作为首次采访计划提出采访野村。结果，遭到否决，只好任凭它去。事经九个月之后的今天，它终于成为现实，我欣喜若狂。

过了两三天之后，我拿到传真一看，大惊失色。我们的对谈题目为《与野村教练回顾1999》。并罗列出明确的访谈项目，其内容并非以野村教练为中心，而是就年内发生的“东海村核泄露事故”、“县警察中连续发生的不幸事件”、“足球五轮上场的规定”、“青春少女与化妆成黑面孔的人①”等重大事件进行访谈。以野村教练为访谈对象是千真万确的，不过，对谈内容是今年的全年回顾。

这样做，是事出有因的。棒球团终于同意对野村进行访谈，但是，球团的成绩已今非昔比，初春时他们雄居全国之

---

① 当前日本青年中的一种流行趋势，将脸弄成黑色。

首，如今已跌为殿军，无论如何野村早已缺乏新闻价值。如果企盼已久的野村教练的访谈是一个突破口的话，那么，我要最大限度地通过它扩大战果。说起来，这简直是“自讨苦吃”。

问题是十分复杂的。野村是我最想见的人，采访野村我当然心里很高兴，但同时，我又觉得很对不起他。野村明明是专业棒球教练，却请他对今年发生的重大事件进行评论，我总觉得这是强人所难，恐怕野村教练也会不知道说什么才好。不管怎么说，若因为进行这样的访谈，野村教练对我的评价有所下降，那可真让人受不了。但是，在这次访谈中，我充分地考虑到一种可能性，于是，我拿起电话，拨通了演职员办公室。

“不，乙武君啊，你的心情，我们是可以理解的，可是，说到底，我们这个节目的主要观众不就是家庭妇女吗？因此，如果乙武君突然讲起自己最得意的棒球，看节目的人会立刻变得一窍不通的。”

确实如上所述，如果全部讨论我希望了解的事情，例如，在选拔赛中名列第一的选手的场，他能否上赛场呢？盐谷、滨中等人作为主要替补队员能否顺利成长起来呢？将挂布选手背上的号码“31号”转给广泽选手的用心何在呢……那么，九成的观众都会离我而去。

“如能将列举出的今年发生的事件与棒球有机地联系起来提问，是否可以呢？”

“当然可以，当然可以。那么，请你再考虑一下吧！”

从那天起，我就像患了生理发烧病一样，挖空了心思，冥思苦想。哪怕是生拉硬扯，我难道不能设法将今年发生的有代表性的事件与棒球或者野村教练有机地结合起来吗？我绞尽了脑汁，想尽了办法。

当天，我几乎没怎么紧张，但是，面对野村教练具有的身份和气质，这天，我显得有些古板。我感到压抑，不能出色地发挥自己的能力。在这种情况下，访谈开始了。

• 以日产为首的各队断然进行大规模重新组建工作，您被誉为“野村再生工厂”。您能否明确地说一下，野村式灵活使用人才的具体方法是什么？

• 茨城县东海村核泄露事故和县警察连遭不幸事件等问题，大家都认为，多数事件是由于缺乏职业意识导致的结果，您野村教练的职业意识如何呢？

• 将面孔化妆成黑色的人和脚踏厚底凉鞋的青春少女（一般指十三四岁到十八九岁）阔步街头，您怎样看待最近的子女与家长的关系呢？而且，野村先生您在家中是一个怎样的父亲呢？

我尽可能多地准备了突破口。但是，当一个一个地提出询问时，我心中总觉得“有些不对劲儿”。我本来不想提出那样的问题，都是为了满足“只要不光谈阪神棒球的事情就可以”的条件。只要能聆听野村教练的想法和富于哲学性的谈话，对于我们年轻一代来说，一定能有所收益。为了达到上述目的，这样的提问是最佳的吗？我虽然口头上在向野村教练提问，但是，内心深处却在反复自问自答。

但是，这就是工作。访谈是上级交给我的任务，必须完成。当初，若能通过节目见到野村教练，心情会是很高兴的，那种高兴的心情与“已能见到”的喜悦是毫不相干的。有的观众一定会认为“为什么净提出这样牵强的问题呢?”我每逢想到这个问题，就非常苦闷。

将近晚上9点，访谈结束了。一位与野村教练关系甚密的体育编辑惊得目瞪口呆。

“啊！野村教练能如此侃侃而谈实属罕见。教练，他本人是很健谈的，但是，对于初次见面的人话并不多，在陌生人面前他好像很拘束。但是，今天他竟然能谈这么长时间!”

此话可以使我聊以自慰。违心地做了一项工作，再不能取得预期效果，那会后悔莫及的。我觉得很侥幸，心中莫名其妙地感到心安理得。但是，我没有故步自封，我要再次去挑战。那时候，我要进行一次如愿的访谈。为了这一天的到来，我要苦练技术，积累经验。

12月24日，野村教练访谈节目播完之后，正值圣诞前夜。街上是恋人们的天下。在赤坂的大街上，出现了三个男人的身影，这是松原、宫泽和乙武。

“说起来，南部先生可太过分啦!”

“事先自己说节目播完之后去酒吧，可是，到了动真格的时候，就‘陪夫人去啦’!”

“真让人太眼红了!”

“别说这个啦……”

尽情地吃、喝、嚎叫。

“世界上的女人啊！你们的眼睛都盯着哪儿呀!”

“怎能把我们如此出众的三个男人丢在一边不睬呢?”

“而且，今天是圣诞前夜呀!”

咱们该散席啦……不知是谁这样说的时候，时间已将近凌晨3点。

我忽而觉得今天的聚会很凄凉，继而又感到非常快活。今年的圣诞就算了吧！明年，我要过一个幸福的圣诞。

第十四章　成绩单

离别的前奏

我正在新泻出差，马上就要睡觉了，我关了电灯。

"南部先生，我想3月份过后，我就不干了。"

"哎……"

对于我出乎意料的申请，南部先生哑口无言。

"还感觉不适应吗？"

"不，不，那倒不是。我已经很快活了。虽有想接着干下去的愿望，但是……"

"那么，这是为什么呢？"

"嗯——怎么说呢……我还是想轻闲轻闲……"

"是这样啊！你觉得很忙吗？"

我并没说假话，但这不是全部想法。对于南部先生，我仍有隐而不发的部分。我接受《新闻的森林》第二主持人工作的最大理由，就是为了“证明”。坐轮椅的人做新闻节目主持人是前所未有的，但是，我早就觉得这不应当是不可能的。陈旧的观念认为，让残疾人当主持人什么的是不合情理的决定，按照这种观念，我就得不到“证明”的机会。

然而，别人赐予了我这种机会。我要证明即使是残疾人也可以当主持人，这是我始终不渝的心愿。但是，我的心态渐渐地失去了平衡。我尽管开动了脑筋，但提出的采访内容仍旧以“消除障碍”为中心。这是危险的。本来，我为了证明身有残疾也无关大局而付出的巨大努力，却因只盯住解决消除障碍的问题，引出了适得其反的“效果”。也就是说，如果被大家认为：因为是残疾人做主持人，所以只能解决消除障碍的问题；有残疾的主持人，归根结底只能传播消除障碍的信息。那么，当初的心愿不仅不能实现，而且，会起到相反的作用，我感到忐忑不安。

不过，在我对南部先生说的话中，毫无戏言。采访活动以及很多工作人员共同努力制作一个节目的工作，对于我来说，是受益匪浅的。无论如何，一想到要离开他们，就怎么也举棋不定。在这以前，我不止一次地将到了嘴边的话又咽了回去，今天，总算能脱口而出了。

“好吧，乙武，3 月底以前这段时间再尽可能加把劲儿吧！”

“是！再次请多多关照！”

高涨的斗志和内心中突然感到的空虚，它们之间存在着矛盾与冲突。

迎来 2000 年，也即迎来新千年的瞬间，大家各自忙于自己的工作。松田先生忙着去急救中心采访，松原先生以及南部先生为了元月特别节目前往冲绳，进行播音前期准备和采访工作。最为一本正经的进藤晶子播音员，担任了36小时电视节目的司仪。如果提到我，则被任命为NHK红队和白队歌唱比赛的裁判员，在舞台上负责倒计时。

这其中，有一位最为悲惨的男人，他就是宫泽佑介。当他还是孩子的时候，就怀有一个梦想。

“我呀，我的理想是，要与爱妻和幼子一起度过迎来2000年的瞬间。”

以上的话，他不止一次地对我说过，但是，他现在仍是独身。他的梦想未能成真。他不会就此罢休的。然而，与他共同度过迎来新千年瞬间的是，前几天刚刚出狱的原奥姆真理教骨干上祐史浩。负责采访奥姆真理教的宫泽先生，在上祐出狱之后，便不分昼夜地连续工作。在隆冬之中，虽然挨冷受冻，他依然在奥姆真理教横滨支部前“蹲守”，这是他的工作，即便不是赶在年初、年末的时候，这种工作也是值得同情的。在人生规划之中，本想与爱妻和幼子共同迎来的新千年，宫泽先生却与上祐将它迎到身边。平时，宫泽先生是比我更易轻举妄动的人，常常大笑不止，然而，惟独现在这个时候，恐怕连他也笑不出来了。随后，1月末，工作告一段落，他得到了五天之久的连休。

“乙武，我估计下下周可以有一周的休假，咱们一块去哪里玩儿呢？”

“那好啊！去什么地方呢？就随宫泽先生的便吧！”

“好！那么，咱们就去意大利吧？去看足球，去吃美味佳肴。”

“啊，我太高兴了，欧洲我还没去过，哪个国家也没去过。”

兴致勃勃的两个人不知是何原因，来到了天寒地冻的纽约。我生来第一次知道什么叫严寒。旅游指南上这样写道：

“纽约很少有积雪。”

然而，迎接我们的积雪竟然有 20 厘米厚。这是我事隔十多年之后再次见到的景致。旅行费用等于白花了，只想闭门不出。越这样想，越觉得外面寒冷。与其说是寒冷，不如说是痛苦，皮肤好像刀割一般。

如果仅就气候而言，在以往的历次旅游之中，这回可谓是最差的一次。但是，这又是一次意义最为深刻的旅游。此番来美国不是工作，而是在休假，完全是个人的时间。在这无论与谁、干什么都可以的时间里，宫泽先生邀了我，邀了连穿衣、洗澡和上厕所都必须由他人照顾的我。这不是出于工作需要而不得不与我打交道，而是出于私人关系与我进行交往的证据。刚刚到《新闻的森林》工作时，我连想也不敢想，能与同事建立起如此亲密无间的私人关系。然而，通过这次旅游，我可以再次确认，工作的同事已变为朋友，这是我永远不能忘记的一周。

喜尽忧来，此乃社会常理。我想向电视台通报一下归国的消息，便给演职员办公室挂通了电话，松田先生接电话说：

“啊！是乙武君，纽约好像很冷吧！”

“是的，你们那儿是不会冷的……”

我们聊了一会儿旅游礼品的事情，开始谈工作。

“那么，下一个计划怎么办？上次说的已经遭到否决啦！”

“那事儿啊！乙武君……又进行人事调动了，我将去社会部。”

我拿着无绳电话来到壁炉前，边取暖边谈话。但是，这时候我感到心里凉了半截。

“人事调动？松田先生不是刚刚来《森林》吗？而且，是从社会部调来的呀！”

“10个月……还不到吧！这次是去文部省的俱乐部。”

再过两个月，我也将被大家欢送。也可以说与松田先生离开的时间相差无几。但是，我原想，在我走之前，能与原班人马一个也不少地工作到最后，圆圆满满地画上一个句号。如今，这不成了一厢情愿的事吗？

2月底召开了木村小姐和松田先生的欢送会。以往负责体育方面内容，并使节目久盛不衰的木村郁美播音员被提拔为《新闻特快》早间节目的主持人，也从《新闻的森林》毕业了。以前每逢休息日，她常与我和宫泽先生三个人一起去游玩。此次被欢送的还有，在许多节目之中并肩战斗过的松田先生。仅一次欢送会就将他们二人一起送走了，依依不舍之情不可名状。

再过一个多月，我也将站到被欢送的位置上去，一想到这里，我愈发感到对二人的欢送充满了极度伤感之情。

成 绩 单

“乙武，为什么到3月为止呢?”

松原先生伤心地看着我，走近我身边。

“唉，我是经多方思索之后，作出的决定……”

“原来如此……那好吧，最后，再让我作个节目吧!”

如前所述，任第一主持人的松原先生，原来曾是编辑，而不是播音员。这位松原先生直截了当地说想做一次编辑。

“乙武，你想作什么节目呢?我想看看你的访谈水平，有没有关系密切的人，或者希望向其提出问题的访谈对象呢?”

“您突然提出这样的问题，那……得给我些时间。”

“我明白，那么，我就等着啦!”

最后，我要向自己最希望做的事情挑战。我最想做的是进行体育方面的采访。体育采访是与残疾毫无关系的领域，而且，是我最着迷的事情。从去年4月初，我就曾说过，想作体育方面的节目。但是，允许我采访的碰巧是有残疾的横滨商工队的石井投手等。既然另有负责体育的主持人，体育方面的事就轮不到我出头露面。

这次访谈是个重要的项目，采访对象必须是富于某种传奇色彩的人物。只能是他!我给松原先生打通了电话。

“前园真圣，您看如何?他是湘南贝尔马莱队的。”

“就定为他吧!”

在1996年美国亚特兰大奥林匹克运动会上，前园真圣与日本国家奥林匹克足球队在比赛中击败了王者之师巴西国奥队。那是一场令全日本欣喜若狂的比赛。前园真圣那势不可挡的运球过人和勇往直前的气概带动了整个日本国奥队。在那时的队员中，有中田英寿、城贞二和川口能活等人。今天，他们依然是支撑着日本国家队的明星。但是，当时最为光彩夺目的前园真圣辗转各地，到全世界去寻求施展才华的场所，却毫无结果，今天，他已离开了日本国家队。而且，事隔两年之后，前园又回到日本，他进入了日本足球俱乐部联盟的二部球队①。曾以世界为目标的男子球员却落入日本足球俱乐部联盟的二部队，面对残酷的现实，他作何感想呢？

松原主持人成为“编辑”，在这个决定之中存在着盲点。因为只要一到下午6点钟，松原先生就必须出现在电视画面上，他几乎不能参加下午的采访。前园选手所属的湘南贝尔马莱队的训练场在神奈川县平家市。而且，该队是傍晚训练。因此，惟独采访工作必须与其他编辑同去，我的采访录像却由松原先生负责编辑，可谓是“分工合作”完成一部作品。

“我会竭尽全力的，要是让乙武觉得‘怎么，松原先生没什么了不起的呀’我可受不了。”

“就如同她给刚刚开始交往的他，第一次动手做美味佳肴的心境一样吗？”

---

① 日本足协将日本足球俱乐部联盟的比赛分为两部，一部相当于我们的甲A球队参加甲A比赛，二部相当于甲B球队参加甲B的比赛。

“什么呀？怎能是那样！”

我也同样要全力以赴。这是一次能体现一年来的学习成果的访谈，要请公认的专家松原先生予以评价。

“怎么，干了一年，也就这么个水平？”

如果让松原先生得出上述的结论，我也同样无法忍受。我有一种希望能让大家看到进步的欲望，但是，不希望让人认为我是朽木不可雕的心理更为强烈。

进行采访的前一天，他们将以往的杂志上刊登过的有关前园的报道、访谈等资料复制下来，以传真形式发给我。资料总共20张，其中包括了前园真圣的种种形象，例如在美国亚特兰大奥林匹克运动会上光彩夺目的前园，转会到川崎贝尔迪之后便一蹶不振的前园，寻求转会海外而飞往世界各地的前园，未得到用武之地再次返回日本的前园等等。通览所有资料之后，我全面地看到了一个男子汉的来龙去脉，不仅仅看到这些，而且，我觉得仿佛与他并肩走过全部历程。然后，我想宣传的是今天的前园真圣。我自然而然地进入了角色。

湘南贝尔马莱队的训练场地位于平冢市。前园真圣的身材比我想像的更为矮小。然而，出人意料的不仅是身材，他的眼神、表情、气质等一切都与我的想像截然相异。我主观臆造的前园真圣是生性粗野、脾气暴躁、难以接近的人。好像为了一下子驱散我的主观想像似的，出现在我面前的汗流满面的前园真圣选手为人稳重，态度温和。今天，我是第一次亲眼见到前园，一想到通过媒体得到的前园形象，显然是被“歪曲”了的。

训练结束之后，我们在俱乐部大楼前面等候前园选手。

工作人员忙着调整摄像机的位置、照明的角度，并检查麦克风等，进行拍摄前的准备工作。我在头脑中整理着访谈内容，像运动员一样，进行赛前形象训练。从某种意义上说，这是一场认真的竞赛。我心中有一种类似于赛前的惬意的紧张情绪。

我要最大限度地利用给予我的 30 分钟时间，我与对方的谈话比例达到了 1 比 9。这堪称最为理想的访谈。访谈的关键在于怎样以极少的语言，引出对方更多的谈话。并不是只要自己的语言简短就可以，必须是语言简练，而且能提出打动人心的、令访谈对象和观众感到震惊的问题。转瞬之间，30 分钟就过去了。

从那天晚上起，我受到了"恐惧心理"的袭击。我提心吊胆的是，松原先生看到采访的录像会做出如何评价呢？周末，松原先生将着手进行编辑作业。因此，我的坐卧不宁一直持续了五天之久。

接着，节目播出的当天，大家观看经过编辑的录像。我看得入了迷，松原先生时而注视着我的脸，时而看看监视器。录像有条不紊地播放着。

"怎么样？"松原先生问。

"很不错，我觉得值得一看。"我答道。

"值得看……仅此而已吗？"松原先生接着说。

"不是，不是。我不是那个意思。我的意思是，我那样拙劣的访谈，承蒙您为我巧妙地编辑，使它竟成了一盘值得看的访谈录像。"我进一步说明。

"是那样，啊……那太好了！我真的曾受了点儿刺激。"

松原先生开着玩笑，双手捂在胸前。心中苦闷的，看来不只是我一个人，还有松原先生，他同样曾为我会如何评价他的编辑技术而感到坐卧不安。

“那么，访谈本身……如何呢？”

我战战兢兢地试问道。在此，将对我一年之久的努力发一份成绩单。

“太棒了！我非常喜欢乙武的访谈。乙武怎么样，再做一做吗？”

“是的……左曲球基本上可以打中了，但是，如果有一两杆定乾坤的高水平斜打，就更好了！”

“言之有理。”

“不过，您总算让我的心踏实下来了。我想听的话都听到了，虽然不能给我打100分，但是，我已经很满足了。”

我没说一句假话，这是我的真实心理。松原先生重新面对我说：

“我再说一点，你在访谈中，有几个充满智慧的提问，例如‘作为一个足球运动员，面对国家奥林匹克队中光彩夺目的前园和如今已变得为人成熟的前园，您认为哪个更为可贵呢’的提问，具有极高水平。”

这是至高无上的赞扬，我激动不已。

松原先生接着说：“但是，前园对此的回答，有些令人费解。这时，你便放弃了这个问题，这样不太好，应当换一种说法，再次提出同一个问题。总之，能提出这样有质量的问题，是难能可贵的。”

乙武洋匡正在钻研访谈的学问，今后仍任重道远。

第十五章 毕 业

登上离别的投手板

我已经决定了，3 月 28 日登上离别的投手板。据说，这天不仅仅是往常的《新闻的森林》，而且，节目中还为我安排了特别内容，这就是傍晚 5 至 6 点之间长达一个小时之久的《乙武特别节目》。在这一年之间，我仅打算多少掌握些有关电视台的种种知识，但临别却为我组织了长达一个小时的特别节目，真可谓兴师动众。给仅仅在此一年之久的人举行如此隆重的“毕业纪念会”，这是不寻常的礼物。

框框是定下来了，但是，内容仍为一张白纸。在一片空白的地方涂上色彩既有困难，也充满乐趣。当然，是以原有的采访录像为中心制作节目，但是，仅这样做就完全成了综合集，所以，还想设法加入新的热点内容。

SMAP 是日本首屈一指的偶像集体，他们的地位稳如泰山，但是，他们并非类型单一的偶像，而是各有各的闪光点，每个人都在为发挥自己的特长不断地进行活动。其中，有一位独放异彩的偶像，他就是SMAP中最为年轻的香取慎吾君。在我读小学时，他就已在电视上出头露面，但是，他怎么会与我同龄呢？因此，我决定与香取君进行对谈，以此作为《乙武特别节目》的新热点。

应该说什么呢？这与对前园选手的访谈显然属于不同的类型。采访前园真圣时，我事先进行了充分的准备，头脑中曾反复进行预演，到正式采访时，可谓名副其实地对前园进行访谈。但是，与香取君对谈时心中无数，形成了自由联想式的谈话。虽然对前园与香取的采访各有不同兴趣，但是，与香取君的对谈难度绝对大于前者。谈话究竟向何方面发展，该在什么时候结束，完全看不出子丑寅卯。

进藤播音员为我救了场，她初次参加报道节目，但是，却巧妙地引导着略显固执的香取君，而且，顺理成章地将乙武洋匡的材料编插进去，进藤小姐丝毫没有因此给人留下喧宾夺主的印象。其特点虽与松原先生截然不同，但同样适合从事访谈工作，我虽然觉得悔恨，但是，对谈愉快地进行了下去。

我们很相似。香取君的支持者们听了也许会生气的，但是，我听了香取君的谈话，的确有这样的感觉。他酷爱自己的事业，不知是何原因，尽管使旁人感到莫名其妙，他依然终日乐此不疲。我也拥有相同的思维方式，因而由衷地感到高兴。

《香取·乙武对谈》虽然令人摸不着头脑，但毫无准备地谈起来之后，却使他倾诉出关于自身人格的谈话、精辟的评论和儿童时代的趣闻逸事，在一般丰富多彩的节目中是不可能谈出此类内容的。对谈成为一次绝佳的会见，作为《乙武特别节目》的一个新热点，它当之无愧。对谈结束之后，演职员们的话使我宽慰地舒了一口气。

当时，南部先生、宫泽先生和曹小姐均身负“致命的重伤”。罪犯是同一个人，他就是我乙武，是乙武洋匡。仅《新闻的森林》的日常工作，他们的任务就够繁重的了，但还要在做好栏目日常工作的同时，腾出时间准备《乙武特别节目》，这就只能从他们的日常生活中挤出睡眠时间。

3月25日，早稻田大学举行毕业典礼。从此，我将离开就读了四年之久的大学。同学们都将成为新的社会成员，各奔前程。校方授予我小野梓纪念奖，我甚至登上讲坛受到表彰。典礼的最后，大家引吭高歌早稻田大学校歌《都城的西北》。我模模糊糊地觉得自己欲抽泣流泪，然而，泪水却一滴也未掉下来，这多亏了充斥会场的媒体的摄像机。我如果在这种场合哭泣落泪，《乙武在毕业典礼上流下激动泪花》的标题就会见诸于报端。一想到这些，性情别扭的我，心情一下子平静下来。不过，我另有绝不能哭的真正理由。

毕业典礼之后的第三天，还有另一个毕业典礼——《新闻的森林·乙武特别节目》等着我。这是以南部先生为首的全体演职员为之倾注了心血、花费了精力和时间，特意为我准备的节目。在这个节目结束之前，我就不能算是“毕业”。绷在头脑里的这根弦，一直拉得紧紧的。

毕业典礼的第二天，我参加了《关口宏的星期日之晨》

节目的播出。正好在一年以前，当这个节目结束之后，广成先生等人请我来到东京电视台，这场戏从此拉开了序幕，不久，它将迎来最后的一幕。

到上午10点为止的播音结束了，我来到《新闻的森林》演职员办公室，尽管是星期天，南部先生和宫泽先生也都上了班。准确地说，这不是“上班”，而是三天一直没回家。对此，我的心情早已超出单纯的感激，甚至感到无限的歉意。他们全力辅佐我达到今天的水平，而我究竟做了些什么呢？今后，我又能做什么呢？况且，我的“毕业典礼”就在眼前。

《乙武特别节目》

我下午两点到达东京电视台，刚进演职员办公室，为录像配音的工作已在等着我。这天的专题是《带广三兄妹续集》，就是令松原先生极其伤心的那部“名作”的续篇，它成为值得纪念的最后一个专题节目。但是，上次节目的责任编辑松田先生已调往社会部。因此，本次的编辑工作由曾任麻布猴子之乱的责任编辑野口先生来负责。

专供配音的房间被称为播音员室，其隔音效果非常好，在播音员室内，反复进行多次令人疲惫的解说。见到我张开大口、吐字清晰的谈话方式，以宫泽为首的众人戏称之为“小学生成绩汇报会上的朗读”。后来，观众来信中说：“乙武先生为我们聋人着想，特意张大了嘴慢慢地说，我们真的受益匪浅。”他们的信反倒帮了我的忙。这是最后一次了。

“你辛苦了。乙武君几乎无一失误，实在非常优秀。”野口先生说。

不仅是访谈，难道解说也得到了优秀吗？由于野口先生的称赞，我的最后一次配音也可以圆满地结束了。而且，为了赶上3点钟开始的试播，我赶往四层的C播音室。

平时，《新闻的森林》均在二层的N播音室播放，N播音室位于二层演职员办公室的里面。今天，因为是乙武的最后一次节目，决定采用电脑制图制作特殊的艺术布景。后面全部是深蓝色幕布，只有主持人用的椅子孤零零地放在那里，当然不会就这样播放的。其背景由大海和晚霞等组成，这些均由电脑图像（CG）构成。下午5点开始播出的《乙武特别节目》即为往常的《新闻的森林》，历时共两个小时。全部采用电脑制图进行的直播节目，在东京电视台这是有史以来的第一次。本来就是以庞大阵容制作的《新闻的森林》节目，在我电视生涯的最后这一天，又加上了负责电脑制图技术人员组成的特别小组。因此，称之为集中各种智慧制作出来的《特别节目》也不为过。

人们说：“松原先生和乙武先生的服装经常搭配不当。”

对此，我曾央求过服装设计师。如果是由同一服装设计师负责我们的服装就不会发生那样的事情，但是，我是自筹资金置办衣装的，所以，常常与松田先生的西服套装是相同的色调。最后这一天，松原先生身着浅灰色西服套装，我穿的是茶色的西服套装，走进房间的进藤小姐身穿橘黄色服装，今天三个人的服装颜色搭配十分协调。即使如此细微之处，气氛也不同寻常。

平时，节目播出之前不进行试播，如果每天都试播，全体演职员大概会抱怨“太麻烦”。但是，今天为了慎重起见，竟然花费了两个小时进行试播。更与往常不同的是人们情绪高涨。转眼之间便到了5点。

节目以三天前刚刚举行的早稻田大学毕业典礼的图像开始。用电脑制图制成的艺术布景上，出现了早稻田大学的象征——大隈重信礼堂。虽为电脑制图，但颇具动人的力量。我进行讲演活动的情景以及《五体不满足》一书出版之前的图像一一出现在画面上。时间仅仅经过了一年半之久，但是，“他”那时的确显得更年轻。

接下来，播放的是我的前半部分采访工作，也就是说，对于去美国采访以前的录像内容进行总结归纳的部分，这是由宫泽先生为我整理的，有趣的是，他做责编的《古都·京都的消除障碍》中的镜头选用最多，大概是反映编制者的思想就需要那样的长度吧！一想到他为了制作这部作品花去了将近一周的时间，我便难以平平静静地看下去。

随后是我与香取君的对谈。这是尚未开发过的领域，连自己也感到惴惴不安。然而，面对监视器中出现的香取君那不可思议的谈话，演职员发出哄堂的笑声，看到这种情景，我才放下心来。它可能已真正发挥出新“热点”的作用。直播节目好容易走向了尾声。

“我们也很愉快。非常感谢。各位观众辛苦了！”

松原先生的结束语使画面上的三个人的图像越变越小。

——本节目由您看到的广告商提供播出。

“辛苦了！”

青木先生总结性的一句话响彻了整个播音室。在播音室的直播到此结束了，但是，整个节目还没有结束。之后，播出了由曹小姐为我编制的录像结尾部分，这才是全部节目的结尾。入秋以后的采访内容全部由曹小姐负责归纳整理，这部分的录像内容当然以她任责编的潜水节目为中心。但是，有一点与宫泽先生极不相同。曹小姐没有直接使用当时播出的图像，而是更多地加进了为能够潜水而付出努力的镜头、潜水结束之后在船上的情景和使我的心慢慢地感到温暖的“幕后活动”的图像。而且，配放的音乐是我最喜爱的飞翔少年的《我要告诉你》。

“大家漫步于葱郁的路边白杨树下，如今没有旁人，只有你和我。”

往日，为了进行从晚 6 点开始在播音室内播出的《新闻的森林》的准备工作，演职员们匆匆忙忙地走来走去。想到演职员们付出的艰苦努力，面对监视器中映出的结尾，我忍不住流下了热泪。尽管其他节目组的摄影人员以《乙武先生从〈新闻的森林〉毕业》为题前来采访，我的眼泪依然不住地淌流，他们只好播出了我失声痛哭的图像。我已不能再像大学毕业典礼时那样冷静，我已无暇顾及许多了。

录像播放完了。我竭尽全力两度以颤抖的声音呼喊：

“谢谢……谢谢啦！”

感 谢

往常的《新闻的森林》也顺利地结束了。从七点半开始，举行盛大的晚会。为了我一个人特意举行如此盛大的活动，这是我一年前连想也不敢想的。我进入会场时，演职员们已经到齐了。会场内悬挂着一条漂亮的横幅，上面写道：

“庆祝《乙武特别节目》大会。谢谢！而且，我们今后要继续努力！”

这种感受，我前所未有。太田制片人进行如下致词：

“在那条横幅上已经写明了，对于此次大会来说，我认为‘庆祝’二字用的是最为恰当的。还有，从‘而且，我们今后要继续努力’一句我们可以明白，事情并没有结束。的确，对于已经创作出为人们指明方向的、使人们对未来充满希望的出类拔萃节目的诸位，我表示感谢，非常感谢！”

《新闻的森林》的宴会部长广友先生主持会议的本领不亚于专业司仪。他语言诙谐，掌握进度出色，使每个人都出面发言。其间，大家美美地吃着丰盛的菜肴，我与演职员们一起合影留念。时间所剩无几，最后，终于轮到我致答谢词了。

“今天，特意为我举行如此盛大的晚会，我由衷表示感谢。在这一年之间，我真的很愉快，对于我来说，在这里的一年的确是一个很好的学习机会。开始，与我谈起是否在这个节目工作时，我曾想，这里的人们怎么样呢？我不过是个普通的学生……怎么会起用我呢？就是在我完全承担了《新闻的森林》的工作之后，更有许多百思不解之处。

“首先是广成先生，他作为节目的负责人，任用我的时候，一定会有很多麻烦。然而，我能如此度过一个不寻常的年头，完全是因为广成先生的英明决断。我表示感谢。

“再者，太田先生继广成先生之后，接手《新闻的森林》节目。对于要采访我和请我去讲演之类的事情，太田先生处理得十分慎重。一般情况下，可以不必去做的事情，最后也允许我去做了，我感到非常抱歉。尽管如此，他却毫无厌恶的表情，为我营造了易于开展工作的环境，我非常感谢。

“西崎先生，还有社长。由于我事先制定了计划，却不善于井井有条地开展工作，所以，您二位总是说：‘唉，总会有办法的。’从某种意义上说，有了您二位的适当支持，才使我建立起‘如果那样的话，我可以胜任’的自信。的确，多亏有您们的关照。

“方才，松原先生自己已经说过了：‘乙武一露面的时候，我就很高兴。’那么，我也想接着说：‘松原先生，您一露面的时候，我也很高兴。’如果这些都是真心实意的，我感到十分荣幸。与松原先生之间的最美好的回忆还是圣诞前夜的聚会。那天，我们一起痛饮至凌晨3点，实在令人兴奋不已。但是，这都已成为过去。来年，希望我们都能有一个更幸福的圣诞。

“进藤小姐，由于您，我吃了个大苦头。进藤小姐成为《新闻的森林》主持人的消息公布之后，人们都非常‘羡慕’，引起了嫉妒的狂潮。为此，我大概失去了好几位朋友。不过，能与如此出众的女性一起工作，的确值得自豪。

“昇先生和西田先生两位摄影师，由于专门负责乙武采访的摄影，一直相伴左右……真的，我们曾去许多地方采访。到冲绳去潜水时，原以为第三天是晴天，我对此也确信无疑，可是，结果天气依然恶劣。多亏了西田先生的技术高超，我们得到了具有逼真效果的图像，现在，反倒觉得天气恶劣情况下的图像效果更佳。

“我与昇先生一起辗转各地。梨穗小姑娘从楼梯上滚落时的情景实在令人心惊肉跳，美国那朗朗的晴空的确拍得太棒了！与您二位一起去采访，经常能拍出效果斐然的佳作，对此，我深表感谢！

“最关键的是，经常与我共同进行采访、编辑等工作，并创作出作品的诸位编辑先生们。首先是南部先生，突然让我涉足电视宣传领域，老实说，我内心羞怯难当。如果同事们都是难以相处的人，该如何是好呢？这时，旁人给我介绍的南部先生使我感受到他的诚挚人格，我才放心地觉得‘这就不要紧了’。说真心话，南部先生的存在是至关重要的。我在此表示感谢。您为什么要笑呢？我的话是诚心诚意的。

“还有松田先生，他能将带广的梨穗小姑娘和韩国的救援君的事迹编成温暖人心的作品，我总觉得无人能出其右。我从纽约归国时，听松田先生说‘要调到社会部去’。我真的两三天都无精打采的。我原想，要是能一直与他工作到最后该多么好啊！可是，理想落空了，不过，我们能制作出几部优秀的作品，就不言后悔了。

“我已无缘与曹小姐更多地共事了。我心中充满着仍愿与您一起工作的心情。但是，《潜水》是在我心中留下了极深刻印象的采访项目之一。在返程的飞机上，我困倦到极点，躺在了坐椅上，此时，曹小姐轻轻地将毛毯盖在我身上，您还记得此事吗？我没有兄弟姐妹，我感到您就像我的姐姐。我真的感到很高兴。

“但是，只有一件事令我感到生气，这就是，今天录像的结尾使我过于激动，我居然滴滴答答地热泪直流，因此，被摄像机记录了哭相。对出色的录像我表示感谢。

“最后，轮到了宫泽先生……对于您，我已经不知道说什么才好。无论是工作，还是休息，我们都形影不离。您曾邀我去纽约旅行……我没有想到，由于在电视台工作，我们竟能建立起如此亲密的私人之间的关系，所以，我真是喜上心头。无论如何，我们已有长时间的交往，今后，仍需多多关照。

“遗憾的是，我与其他诸位编辑未得共事机会。但是，在今天的特别节目中，多多少少我们也算共事一场，所以，我深感兴奋不已。而且，兴许在其他工作岗位上，我们仍然可能后会有期。到那时，还望各位多多关照。

“今天，我由衷感谢这样一台出色的节目。而且，我无限地感激这历时一年之久的难得时光和相会。”

后　记

我原本不打算哭，也不想哭。最后，在结束工作的宴会上，在我致答词的过程中，热泪夺眶而出最终转变成泣不成声。但是，我为这无论如何也抑制不住的泪水感到高兴。我度过了一段多么宝贵的时光啊！结交了多么难得的挚友啊！泪水可以证明一切。我在《新闻的森林》度过的一年，可以说，在我人生道路中是最为充实的一年。喜悦、困惑、惊讶、悲伤、痛苦、愤怒、沮丧、欢乐和哭泣……人生的一切情感都曾叩响我的心扉。而且，一切情感均非一闪而过，而是铭刻于心。

在最后一次的《乙武特别节目》之中，SMAP 的香取慎吾君曾对我说过这样一段话：

“乙武先生，我感到你是心胸非常开阔的人。当然，我还没赞誉你的胸襟开阔得如我所期望的‘宇宙’和‘大海’。但是，它已宽广得如同‘湖泊’。”

他凭现有的感受，给了这潭湖水一个“深度”。对于我这浅薄的胸襟，他却说它是十分深奥的，甚至不使用救生圈就会在其中溺水。今后，我要到另外的领域中去积累经验，我想使这“湖泊”真正地变为“大海”，再使“大海”变为“宇宙”。

以前，《新闻的森林》的观众和《五体不满足》及我的第二部作品《礼物》的读者给我寄来了大量的信件，发来了多得无法一一予以答复的电子邮件。大家给予我“深受感动”、“极为出色”、“具有真正坚强性格的人”等等评价，但是，实际上，我并没有那么优秀，我只是一个普普通通的青年。若被如此众多的人所熟知，当然，难免在精神和生活方面受到些伤害，我甚至想到逃避现实。只要有家属、朋友和情人，我就是非常幸福的。因此，给予如此狭隘的我巨大鼓励的是来自大家的信息：

“即使活下去也没什么意义，这样一想，我曾数次自杀未遂。但是，这是完全错误的，今后，我要充满信心地活下去。”

“如果有坐轮椅的孩子来到班里，我会对他更亲切的。”

“从前，我怨恨母亲，因为她身有残疾连累了父亲，但是，我现在觉悟了，我想，今后要爱母亲，活着就要成为母亲的支柱。”

要更加努力，应当这样端正自己的思想。

大学毕业了，从《新闻的森林》也毕业了。从今年春天开始，友人们都即将就业，成为社会的一员，我既无所属的组织，又无头衔。作为一个“个人”，人们会问：你将要做什么呢？

——像乙武这样的人，希望他能够成为一名教师，到全国各地去举办讲演活动。如果一到 25 岁，就应成为国会议员候选人……

承蒙大家给予我诸多建议和期待，这都是十分良好的设想。但是，我并不如大家所想像的那样是圣人君子，对于我来说，那有些强人所难。趁二十几岁的时候，我想进行多种尝试，我适合于什么，不适合于什么，在何种场合下最能发挥我的能力，做什么事情的时候，最能感到幸福……这是我首先要想到的。

但是，我在《新闻的森林》可以感受到的是“舆论宣传”工作的趣味。我好像是暂时地脱离这里。究竟是使用图像还是使用铅字呢？事物的表现方法是多种多样的。而且，是传播他人发出的信息呢，还是自己发出信息呢？即便仅仅这一点差异，也会形成不同的行业。我将以从前获得的经验和朋友的友谊为动力，去进行新的挑战。

2000 年 4 月 6 日，我迎来了 24 岁的生日，不可多得的一年过去了，新的一年即将开始。